看得見的世界史

德國

肖石忠 編

GERMANY

前言

在西方列強中，有這樣一個富有傳奇色彩的國家。它的歷史幾經大起大落，命運曲折多舛，民族性格矛盾彌漫；既給世界製造過深災大難，讓人談之色變，又為人類在精神和物質方面做出了很多貢獻，讓人無比豔羨。這究竟是一個什麼樣的國家？讓我們沿著歷史的長廊，跨過德意志的三大帝國，走進普魯士，進入高大茂密的條頓堡森林，抵達德國歷史的起點。

歌德曾經說過：「德國無足輕重，只是每個德國人才有意義。」這句話簡潔地概括了德國的特點。德國既孕育過馬克思、恩格斯這樣傑出的社會主義「紅色導師」，又湧現出貝多芬、巴哈、歌德這樣的藝術奇才和老毛奇這樣的「西方兵聖」，更催生出俾斯麥、艾德諾這樣的政治天才和威廉二世、希特勒這樣的「戰爭狂人」……幾乎每一個人的身影都能讓德國的歷史鮮活地浮現於世人眼前。

為什麼德國會成為這樣一個矛盾的複合體？也許德國人獨特的民族品質和民族精神可以給出答案。詩人海涅曾經說過：「德意志民族不是一個輕舉妄動的民族，一旦它走上任何道路，就會堅韌不拔地把這條道路走到底。」嚴肅認真、一絲不苟、執著死板確實是德國人的一貫特點，如果把這種精神用在正道上，會做出驕人的業績；但是，如果走上錯誤的道路，也會犯下令人髮指的罪行，這也許就是問題的根源。

為其奇蹟驚嘆，為其罪行扼腕，閱讀德國的歷史，你一定會受到深深的震撼。

1

法蘭克時代的項鍊

這串項鍊出土於德國的Niederbreisig，現藏於紐約大都會博物館。這串項鍊應為500年到600年，法蘭克王國時期的文物。整串項鍊長約74.5公分，由玻璃、琥珀、貝殼和陶製品組成，代表了當時法蘭克手工藝品的普遍水準。

2

獅形水罐

水罐出土於德國下薩克森州，是13世紀末或14世紀初的貴族用品。現藏於紐約大都會博物館。整個水罐高24.2公分，是由銅合金鑄成。

3

薩克森選侯的騎士盔甲

這副騎士盔甲現藏於紐約大都會博物館，其為16世紀德國奧古斯堡盔甲師安東・佩芬豪澤作品，高98.2公分，是薩克森選侯珍藏的12副盔甲之一。在當時的德意志，貴族騎士之間的比武競技非常流行，因為禁止攻擊腰部以下，所以沒有配備腿部護甲。

4

壁爐前面的屏風

這件屏風被發現於德國的沃爾夫斯堡，約為18世紀中期的貴族物品，屏風四周為雕刻後鍍金的橡木，中間的絲綢面板應為原物損壞後替換上去的，現藏於紐約大都會博物館。

5

詩人席勒

約翰・克里斯多福・弗里德里希・馮・席勒是18世紀德國最著名的詩人和哲學家。作為狂飆突進運動的代表人物，他先後寫下了《華倫斯坦三部曲》、《瑪麗亞・斯圖亞特》、《奧爾良的姑娘》（1802年）、《墨西拿的新娘》、《威廉・泰爾》、《歡樂頌》等作品。正是他發出了那聲著名的感嘆──「德意志？它在哪裡？我找不到那塊地方。」

6

「紅男爵」的葬禮

1918年4月21日，有「紅男爵」之稱的德國飛行員曼弗雷德・馮・里希特霍芬駕駛的飛機在索姆河戰場上空被擊落。為了表示對這位擊落了80架協約國飛機的「一戰」第一王牌飛行員的尊敬，英國人為其舉行了一場隆重的葬禮。正如這張拍攝在葬禮上的照片顯示的那樣：6名英軍上尉為里希特霍芬抬起棺木，儀仗隊在一旁鳴槍致敬，棺木上還擺放著一些英國飛行員送來的花圈。

7

回家的戰俘

在第二次世界大戰中，共有數百萬德國士兵淪為俘虜。在戰爭結束後，他們一部分繼續留在戰俘營，另一部分則被遣送回家。根據官方資料統計，截至1947年，大概有75%的德軍俘虜或被判處了較輕的刑罰，或是被直接釋放。那些被遣散的德國戰俘們在離開戰俘營後做的一件事就是尋找交通工具，踏上回家的道路，儘快回家已經成為他們唯一的念頭。

8

驚天一跪

1970年12月7日，大雪過後的波蘭首都華沙分外寒冷。來訪的聯邦德國總理布蘭特向華沙無名烈士碑獻完花圈後，默默無言地走到一旁的華沙猶太人死難者紀念碑下，突然雙膝著地，跪在紀念碑前冰冷的大理石上！布蘭特這一超出禮儀的驚人之舉，感動了成千上萬的波蘭人，使在場的來自世界各地的外交官和記者無不動容。1971年，挪威諾貝爾委員會將當年的諾貝爾和平獎授予了這位下跪的總理。

德國歷史大事件時間表

西元9年

條頓堡森林之戰，日耳曼人全殲3個羅馬軍團。

511年

克洛維去世，法蘭克王國一分為四。

1077年

亨利四世前往卡諾莎城堡，向教皇額我略七世低頭。

1517年

馬丁·路德發表《九十五條論綱》。

1648年

三十年戰爭結束，歐洲各國簽訂《西發里亞和約》。

1750年

音樂家巴哈離世。

1757年

七年戰爭爆發。

1824年

貝多芬完成《第九交響曲》的創作。

1831年

歌德完成巨著《浮士德》的第二部。

1832年

《戰爭論》出版。

1870年

普魯士國王威廉一世在凡爾賽宮鏡廳宣布德意志帝國成立。

1883年

馬克思在倫敦去世，恩格斯為其舉行葬禮。

1897年

德國霸占膠州灣，中國山東半島成為其勢力範圍。

1914年

第一次世界大戰爆發，德國對英、法、俄等國宣戰。

1919年

德國戰敗，威瑪共和國成立。

1933年

希特勒被任命為國家總理，納粹黨掌握政權。

1939年

德國閃擊波蘭，第二次世界大戰爆發。

1940年

「海獅計畫」啟動，不列顛之戰爆發。

1943年1月

史達林格勒戰役結束，德軍喪失東線戰場主動權。

1945年3月30日

希特勒自殺，5月8日德國宣布投降。

1948年

柏林危機爆發。

1972年9月

慕尼黑人質危機。

1990年

德國統一。

2017年

梅克爾第四次當選德國總理。

目錄

Contents

第一章

第二章

第三章

帝國發了狂：戰爭的結局是崩潰／131

第四章

統一是主旋律：奏曲民族的《歡樂頌》／217

第一章

德意志的起點

從條頓堡森林之戰到三十年戰爭，從日耳曼人的抗爭到德意志民族在戰亂中浴火而生，這一千多年裡德意志並沒有像英國、法國那樣在歷史中形成一個強有力的中央集權，皇權與教權、皇權與諸侯爆發了激烈的鬥爭，直到16世紀德意志仍然是一個四分五裂、殘破不堪的國家。

VISIBLE HISTORY OF THE WORLD

關鍵詞：日耳曼人

條頓堡森林之戰

▪ 西元9年

條頓堡森林之戰是日耳曼人的立國之戰，日耳曼人透過這次戰役消滅了三個精銳的羅馬軍團，擺脫了羅馬的統治和奴役。從此，羅馬在奧古斯都「把我的軍團還給我」的呼喚聲中漸漸失去了大規模擴張的資本，而日耳曼人卻以嶄新的面貌迎接明天。

原始的日耳曼人

古老的日耳曼民族生活在萊茵河以東、多瑙河以北的廣袤土地上，他們是一個以狩獵為生的遊牧民族。2000多年前的歐洲，氣候比較惡劣，正是這樣的環境塑造了日耳曼人堅韌不拔的性格和剛強持久的耐力。他們個

> 古羅馬戰士的短劍

古羅馬短劍是一種以刺為主的短劍，由於兩側有刃，劈砍也毫無問題，使用上非常靈活。它的劍身較寬，長度一般不超過50公分，又被稱為「征服世界之劍」。

個高大威猛，魁梧健碩，是天生的射手和戰士。

此時的日耳曼人還在蠻荒世界中徘徊遊蕩，他們沒有文字，更談不上有自己的歷史和文化。他們用獸皮製成簡單的衣服遮體，用原木搭建起草房遮風擋雨。家徒四壁的日耳曼人值得一提的財產就是那數目龐大的牛群。

^表現條頓堡森林戰役的油畫

畫面右側手中武器紛雜、身體甲冑不全的是日耳曼戰士，畫面左側苦苦支撐戰局的是羅馬戰士。日耳曼戰士共同特徵是：金髮、碧眼、高鼻，身體高大健壯，天生是很好的步兵戰士。在作戰時，他們也按照家庭和血緣關係編排陣型，確保每個戰士周圍都是自己的家人。

日耳曼男人性情剛烈如火，他們似乎就是為了打獵和戰爭而生。在和平年代，他們只負責打獵，其他的工作全部推給了婦女和老人。青壯年男人們完成自己打獵的任務後，就在酒精的麻痺中尋找人生的樂趣，可一旦戰爭爆發，他們立刻就會變成精神抖擻的「戰爭機器」，個個摩拳擦掌、躍躍欲試，彷彿衝鋒的號角是世上最悅耳的音樂。由於日耳曼人的生產方式非常落後，可人口又不斷增加，有些遊手好閒的人不能解決溫飽問題，只好到羅馬軍團中當兵，以此養家糊口。久而久之，每到青黃不接的時候，大量的日耳曼人就在異鄉過著雇傭兵的生活。

當時的日耳曼民族雖然是一個崇尚武力的民族，可他們對待婦女卻比中國的封建社會要寬容得多。他們非常尊重婦女，婦女可以參與部族重大事件的討論並擁有發言權。最難能可貴的是，日耳曼

^西元前1700年至西元前500年的日耳曼人青銅梳，現藏於瑞典國立博物館。

人遵守一夫一妻制的傳統規則，非常注重夫妻之間的忠貞不渝，這和羅馬人放蕩不羈的男女關係形成了鮮明的對比。日耳曼婦女有著「巾幗不讓鬚眉」的氣概，她們經常隨男人們一起參加戰鬥。在戰場上，她們勇敢作戰，決不退縮。一旦戰敗，她們二話不說，橫刀自刎，留給敵人的只有一具屍首。羅馬史學家塔西佗就曾經這樣評論日耳曼婦女：「她們非常可敬，但一點兒不可愛。」

屈辱的生活

隨著羅馬的興起，日耳曼人也體會到了一個部落和一個蒸蒸日上的帝國之間的實力差距。羅馬帝國剛剛建立不久，皇帝奧古斯都就盯上了處於蒙昧中的日耳曼人。西元5年，羅馬帝國出兵攻打日耳曼。面對著羅馬騎兵的鐵蹄和一望無垠的步兵大陣，勇悍的日耳曼人屢戰屢敗，幾乎到了被滅族的邊緣。最終，日耳曼人被迫向羅馬人投降，羅馬徹底占領了從萊茵河到易北河的廣大地區，將其命名為日耳曼尼亞省，併入羅馬帝國。由此，日耳曼人生活的地區被劃入了羅馬的版圖之內。

為了徹底征服桀驁不馴的日耳曼人，羅馬帝國派出了大將提貝里烏斯率領三個精銳的軍團駐紮在日耳曼尼亞。此外，羅馬人還對日耳曼各個部落的首領發射「糖衣炮彈」，企圖使他們成為羅馬統治日耳曼人的傀儡。對於統治得力的部落首領，羅馬帝國會授予他們羅馬公民權，還將他們吸收進羅馬騎士團，這在當時是相當高的榮譽。許多日耳曼部落首領就這樣被收買，積極和羅馬統治者合作。而對於日耳曼的平民百姓，羅馬統治者總是盤剝壓榨他們，妄圖使他們永世不得翻身。由於自身的實力有限，日耳曼人還不能和強大的羅馬對抗，只好忍氣吞聲地接受羅馬人的統治。

不過，不是所有的日耳曼部落首領都被羅馬人收買了，切魯西部落的首領海爾曼就是一位堅強的戰士。年僅27歲的海爾曼精通拉丁文，武藝高強，在他心中沒什麼事情比自由和獨立更重要。不過，多次隨羅馬人出征的海爾曼深刻地認識到羅馬軍團的強大，深知羅馬人精良的武器、嚴明的軍紀絕不是可以輕而易舉對抗的。於是，海爾曼靜下心來等待時機。蒼天不負苦心人，西元9年，羅馬將軍提貝里烏斯突然被調離了日耳曼尼亞。提貝里烏斯精明能幹，對日耳曼人監控得滴水不漏，使得海爾曼始終不敢越雷池半步，他的離去無疑是日耳曼人的福音。海爾曼開始聯絡志同道合的戰友，準備推翻羅馬人的統治。

v 油畫《馬背上的日耳曼人父子》

約翰內斯・格爾茨繪。古代日耳曼人的婚姻制度非常地嚴格，施行一夫一妻制，部族生活中既不崇尚聲色犬馬，也不流行私下約會飲宴，甚至很少和外來的部族交往。

森林伏擊

接替提貝里烏斯職務的是羅馬有名的浪蕩公子瓦盧

斯。這位花花公子來到日耳曼尼亞後，整日在軍隊中大擺宴席，盡情享樂，根本顧不上整頓軍隊、處理政務。海爾曼為瓦盧斯的所作所為暗自高興，他開始與瓦盧斯攀交情，表現得畢恭畢敬，逐漸獲得了瓦盧斯的信任。當時，羅馬駐紮在日耳曼尼亞的兩萬名戰士都是訓練有素、身經百戰的老兵，而日耳曼人的力量卻分散在各地，日耳曼人要想打贏這場戰爭，只能智取而不能正面強攻。

海爾曼在取得了瓦盧斯的信任後，就聯絡日耳曼尼亞北部的一個部落公開造反，然後親自將這個消息匯報給了瓦盧斯。在海爾曼「義憤填膺」的描述下，瓦盧斯深感帝國的威嚴受到了挑釁，準備發動軍隊前去鎮壓。「忠心耿耿」的海爾曼立刻向瓦盧斯推薦了一條穩妥的行軍路線，而橫亙在這條行軍路線上的條頓堡森林就是海爾曼為羅馬大軍準

v 西元前1100年至西元前500年的日耳曼青銅鎏金戰車

現藏於丹麥國家博物館。根據馬克思和恩格斯的研究，西元1世紀時期的日耳曼人還處於公社制時期，若干日耳曼家庭組成一個氏族，若干氏族又組成一個公社。普通日耳曼人以家中的牲畜多寡而誇耀，還沒有占有金銀製品的意識。

備的「埋骨之地」。確定了行軍路線後，瓦盧斯就率領著獨具特色的軍隊出發了——隨行的有龐大的載重車隊，車上裝滿了舉辦宴會所需的各種樂器，隊尾還有一群妓女和商販緊緊跟隨，彷彿這次遠行不是去浴血奮戰，而只是一次輕鬆的郊遊。一天、兩天……瓦盧斯懷著愉悅、輕鬆的心情漸漸進入了他的死亡之地——條頓堡森林。條頓堡森林位於德國西北部的利珀郡，這是一塊泥濘的高地，其間河谷縱橫，河谷中生長著成片高大茂密的橡樹林，是一個打伏擊的好地方。

進入條頓堡森林的羅馬士兵苦不堪言，頭上是樹枝，腳下是淤泥，原本整齊的行軍隊形越來越混亂。就在這個時候，無數個滿臉油彩的日耳曼人從埋伏地一躍而起，由兩側向羅馬軍隊發起了突襲。看著漫山遍野揮舞著戰斧的日耳曼人，聽著高亢的吶喊聲，瓦盧斯被嚇出一身冷汗，完全忘記了指揮官的職責。這時，羅馬士兵平時的嚴酷訓練發揮了作用，士兵們不等指揮官下達命令（事實上他們的指揮官已經下達不出什麼命令了），就自發地豎起盾牌，組建成一個個小型的戰鬥方陣。要是在平坦寬闊的平原上，羅馬重裝步兵組成的方陣可就成了日耳曼人的噩夢。如今崎嶇不平的森林地勢讓羅馬軍隊變成了關在籠子裡的猛虎，徒有力量卻釋放不出來。沒辦法，羅馬人只好邊打邊撤，希望能趕快走出這個鬼地方。可海爾曼早在這裡佈下了天羅地網，隨著響亮的號角聲，日耳曼人個個精神煥發，伴隨著雷鳴般的吶喊聲，他們從四面八方湧向羅馬軍團，將羅馬人的陣形衝擊得七零八落。海爾曼更是一馬當先，揮舞著戰斧衝進了羅馬軍團之中。剛開始，羅馬戰士還為了尊嚴而浴血奮戰，可隨著戰鬥的深入，日耳曼人越戰越勇，越來越多的援軍也不斷趕來。驚恐萬分的瓦盧斯害怕被俘受辱而拔刀自刎，以死來向兩萬名被他帶入絕地的戰士謝罪。最後，幾千名羅馬老兵在一個小山丘上建起了最後的防禦地，他們用血肉之軀組成了一個環形防線，頑強地抵抗著日耳曼人潮水般的進攻。殘酷的戰鬥一直持續到深夜，無數的屍骸堆滿了整個森林，羅馬軍團幾乎全軍覆沒，最後

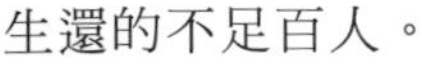

生還的不足百人。

瓦盧斯軍團覆滅的消息傳到羅馬，奧古斯都暴跳如雷、痛不欲生。按照羅馬歷史學家卡西烏斯的記載，奧古斯都在宮廷裡捶胸頓足、撕心裂肺地反復喊道：「瓦盧斯！把我的軍團還給我！」

戰後故事

條頓堡森林之戰消滅了羅馬最精銳的三個軍團，使得羅馬帝國元氣大傷，再也沒有能力進行大規模的擴張了。儘管仇恨的火焰灼燒著奧古斯都的內心，但殘酷的現實讓他最終決定以萊茵河為界，和日耳曼人劃河而治。日耳曼人則憑藉條頓堡森林的勝利，徹底擺脫了羅馬人的奴役。對此，1800多年後的恩格斯寫道：「同瓦盧斯的會戰，是歷史上最有決定意義的轉捩點之一。這次會戰使日耳曼尼亞擺脫羅馬而取得了獨立。」

^ 日耳曼人與羅馬軍隊戰鬥的場景

畫面左側，身無甲冑的日耳曼人拿著長方形的盾牌，手持長矛和短劍作戰；而羅馬人則穿著全副的盔甲，手持圓盾和更鋒利的武器作戰。

條頓堡森林之戰結束後的第六年，奧古斯都帶著無盡的悔恨離開了人世，享年76歲。4年以後，日耳曼人的英雄海爾曼也死於族人的暗殺，年僅37歲。儘管英年早逝，但海爾曼精心策劃的條頓堡森林之戰奠定了日耳曼人獨立建國的基礎，之後，他們湧入日漸衰落的羅馬帝國，揮舞著手中的戰斧，譜寫著民族歷史的新篇章。

VISIBLE HISTORY OF THE WORLD

關鍵詞：墨洛溫王朝

法蘭克王國的崛起

■ 481年～507年

條頓堡森林之戰的勝利讓日耳曼人走上了獨立建國的道路，法蘭克王國就是在這樣的歷史潮流中崛起的。法蘭克王國的傑出領袖克洛維在蘇瓦松戰役中消滅了羅馬殘軍，建立了墨洛溫王朝，然後御駕親征，消滅了西哥德王國，靠智謀吞併了河濱法蘭克人的部落，開創了法蘭克王國統領歐洲大陸的時代。

強勢崛起

條頓堡森林之戰開闢了日耳曼人獨立建國的道路，打破了羅馬軍團不可戰勝的神話，羅馬對外的侵略擴張被迫收斂。龐大的羅馬帝國在以後的300多年間

> 克洛維畫像

克洛維統治時期最重要的事件莫過於他在妻子的影響下信奉了基督教，他還命令自己統治下的法蘭克人也皈依基督教，這讓克洛維成為基督教世界世俗中的守護人。

歷經世事滄桑，歷代帝王苦心經營卻仍然收效甚微。395年1月17日，羅馬皇帝狄奧多西一世（346－395）逝世。也許這位皇帝感到僅靠一個人的力量已經難以支撐日趨衰落的帝國，也許他怕兒子們為了王位而兄弟相殘，於是，他在臨終前將羅馬帝國分成了東羅馬和西羅馬兩部分，讓兩個兒子各自繼承。

西羅馬帝國僅存活了不到100年的時間，於476年被日耳曼人消滅，而東羅馬帝國於1453年為鄂圖曼土耳其帝國所滅。西羅馬帝國滅亡之後，取而代之的是一些日耳曼人建立的「蠻族」國家，也正是這些國家奠定了整個西歐的基礎。這些國家主要有：法蘭克王國，占有現在的法國和德國的大部分地區；西哥德王國，占有現在的西班牙和法國西部地區；東哥德王國，占有今天義大利的大部分地區。在日耳曼民族建立的這3個國家之中，法蘭克王國的勢力最為強大。

「法蘭克」一詞在拉丁語中是「自由」的意思，法蘭克人也很好地繼承了日耳曼民族能征善戰的血統。他們天生剽悍，在戰場上以一當十、以十當百，彷彿他們就是為了征戰而生。法蘭克人最擅長使用的武器就是戰斧，當時有位作家這樣來描寫法蘭克戰士使用戰斧時的颯爽英姿：「他們好像遊戲一樣地扔自己的戰斧，遠遠地飛砍敵人，常常百發百中……他們的愛好就是打仗。只有死亡才能使他們倒下。」

王朝建立

西元3世紀，腐朽的羅馬帝國已如同垂暮的老人，面對朝氣蓬勃的法蘭克人，它已經沒有招架之力了。雄心勃勃的法蘭克人渡過了萊茵河，開始搶奪羅馬人的地盤。此時的法蘭克人分為兩大支系，一支稱為「河濱法蘭克人（利普里安法蘭克人）」，居住在萊茵河中游地區；另一支稱為「海濱法蘭克人（撒利法蘭克人）」，生活在萊茵河三角洲一帶。

481年，海濱法蘭克人的部落首領帶著未能統一法蘭克的遺憾離開了人世，他的兒子克洛維承襲父業，成為年輕的首領。克洛維牢記父親的叮囑，開始努力壯大自己的力量，準備統一整個法蘭克部族。486年，21歲的克洛維已經是一位被臣民敬仰、令敵人懼怕的部落首領了，他逐漸熟悉了國家的運作機制，對於如何治理國家已經瞭若指掌。在他的勤奮經營下，海濱法蘭克人逐漸強大起來。為了徹底清除羅馬帝國的殘餘勢力，克洛維率領著大軍從高盧北部動身，向盤踞在高盧南部的羅馬軍隊發起了進攻，雙方在蘇瓦松地區（法國巴黎南部）展開了激烈的戰鬥。

戰鬥剛一開始，年輕氣盛的克洛維就一馬當先地衝向敵陣。看到指揮官這麼勇敢，原本就熱血沸騰的法蘭克將士更是將生死置之度外，個個奮力殺敵，勇往直前。法蘭克大軍將腐朽的羅馬軍隊打得落花流水，連高盧名義上的統治者、羅馬總督夏克立烏斯也被俘虜了，法蘭克人取得了蘇瓦松戰役的全勝。克洛維借著初戰告捷的勢頭，又一舉攻下了巴黎和盧瓦爾河以北的廣大地區，奠定了法蘭克王國的基礎。戰場上的勝利、掠奪來的戰利品和占領的廣袤土地讓克洛維的聲望達到了頂點，在臣民的擁護下，他正式建立了法蘭克王國，並以自己祖父的名

v 這幅版畫描述的是496年的耶誕節，克洛維率領3000名親兵皈依基督教的畫面。

∧ 戰場上的克洛維

486年，克洛維戰勝羅馬帝國在北部高盧的統治者夏克立烏斯，這場勝利使得法蘭克人的統治擴張到了盧瓦爾河以北地區。

字將王國命名為墨洛溫王朝（486－751），克洛維也成為法蘭克王國的第一任國王。

皈依基督教

克洛維建立了墨洛溫王朝後，以此為基礎，開始了他的統一大業。當時，西哥德王國的公主克洛蒂爾德因為宮廷內部矛盾，被迫逃到了法蘭克王國的領地。不久，這位公主憑藉著自己傾國傾城的美貌取得了克洛維的歡心，被收入了後宮。克洛蒂爾德是一個虔誠的基督教徒，她多次勸說丈夫皈依基督教，可是克洛維並沒有把這當回事。在克洛維的心中，天下萬物都得靠戰馬和戰斧奪取，這和宗教沒有什麼關係。3年後，克洛維在征討萊茵河中部地區阿勒曼尼人的戰鬥中遭遇了前所未有的慘敗。這次失敗讓他的心理受到了巨大衝擊，他開始相信未知的力量。不久，克洛維率領著在戰鬥中生還的3000名士兵接受了基督教洗禮，成為基督教徒。克洛維皈依基督教後，既得到了教會的支援，又提高了自己在公眾心中的威信，地位更加穩固。

東征西討

就在克洛維的勢力日益增長，對鄰國磨刀霍霍的時候，一個天賜的良機擺到了他的面前。克洛維的岳父、西哥德國王戈迪吉塞爾在王權爭奪中失敗，老國王請求自己實力強大的女婿出兵助陣。為了能打動貪婪的女婿，戈迪吉塞爾做出承諾，只要克洛維能幫他恢復王位，就以西哥德王國肥沃的土地作為酬謝。天上掉餡餅的事情克洛維哪裡會拒絕？他立刻整頓兵馬，矛頭直指西哥德王國。500年，克洛維帶著他的大軍毫不費力地擊敗了西哥德王國。不久後，克洛維聯合河濱法蘭克人再次攻入西哥德王國，奪取了包括今天的西班牙在內的大片土地。

打敗了西哥德王國之後，克洛維又開始算計自己的盟友河濱法蘭克人。不過，克洛維也知道，一來自己的軍隊連年征戰，需要時間休整；二來河濱法蘭克人也是天生的戰士，正面作戰的話自己並不占優勢。於是他打算在河濱法蘭克人內部製造矛盾，然後坐收漁翁之利。一次，克洛維派人邀請河濱法蘭克人首領的兒子克洛德里克參加自己的宴會。酒過三巡，菜過五味，一臉笑容的克洛維在克洛德里克耳邊說：「我的兄弟，現在你該是部落裡權力最大的戰士了吧？」克洛德里克搖頭答道：「不，最有權力的還是我的父親。」克洛維手握著酒杯，哈哈大笑著說：「我的兄弟，依我看，沒有誰該比你的權力更大了，只是……」克洛維欲言又止，低頭猛灌著烈酒。克洛德里克被撓到了癢處，低聲請求克洛維替他想個辦法，克洛維也樂得給他「指點迷津」：「如果你父親去世，那河濱法蘭克人不就全部聽從你的命令了嗎？」克洛德里克這下豁然開朗，頭腦簡單的他立刻明白了克洛維的暗示。在更大的權力和父子親情之間權衡了一番後，克洛德里克匆匆辭別了克洛維，準備回去幹一番「大事業」。在篝火的照耀之下，滿臉笑容的克洛維眼中全是淩厲的光芒，彷彿一隻老虎看到了久違的獵物。

不久，傳來了河濱法蘭克首領被暗殺的消息。克洛維心中暗喜，他派出勇士扮成使者，向克洛德里克表達祝賀之意。被喜悅沖昏了頭腦的克洛德里克果然接見了使者，疏於防備的他被刺殺在了營帳之中。連續兩位首領遇害，憤怒的河濱法蘭克人開始聚集起來，準備向克洛維宣戰。早有準備的克洛維立刻聲明整個事件與他無關，他毫不知情，並且假惺惺地表示願意接受河濱法蘭克人作為他的臣民。群龍無首的河濱法蘭克人無奈之下，只好歸順了克洛維，成為法蘭克王國的公民。就這樣，在陰謀與飛濺的鮮血中，克洛維一步步地完成了法蘭克的統一大業。507年，墨洛溫王朝建都巴黎，開始了對歐洲大陸的統治。

VISIBLE HISTORY OF THE WORLD

關鍵詞：凡爾登和約

一代霸主查理大帝

■ 742年～814年

墨洛溫王朝隨著克洛維的去世陷入了長期的內亂。一個王朝衰落，必然有另一個王朝起而代之，於是卡洛林王朝誕生了。這個新興王朝的第二任國王查理以自己的雄才偉略擴展著帝國的版圖，他也成為當時歐洲大陸的霸主。

查理登基

511年，法蘭克王國的一代梟雄克洛維去世了。王國的

> 查理大帝

這幅畫像根據法國羅浮宮中的一座青銅塑像描繪而成。這位魁梧的國王身強體壯，左手捧著象徵王權的金球，右手拄著象徵力量的寶劍，雙眼炯炯有神地注視前方。

疆土被分成了4份，由他的四個兒子均分。墨洛溫王朝外無強敵，內有諸王，權力紛爭在所難免，此後的100多年裡，王國始終在混亂和戰爭中艱難前行。到了西元6世紀的時候，墨洛溫王朝連續出現了幾位昏君，這幾位君主迷戀酒色，百姓形象地稱他們為「懶王」。國王貪圖享樂，國家大權逐漸落到了宮相（職務相當於王宮事務總管）手中。這些「宮廷管家」很快就成為國家裡「一人之下，萬人之上」的人物。大約在720年，丕平家族的查理・馬特成為王國的宮相，這位有「鐵錘」之稱的宮相對內推行封建采邑制度，對外抵抗阿拉伯人的進攻，成了王國的頂梁柱。查理・馬特去世後，他的兒子「矮子」丕平憑藉父親的威望和羅馬教皇的支持，將墨洛溫王朝的末代君主成功「勸退」，建立起卡洛林王朝。768年，丕平去世，他的兒子查理和卡洛曼均分了國土。771年，卡洛曼因病離開了人世，29歲的查理幸運地成為國王。此時的查理

v 象牙雕聖母瑪利亞像

歐洲中世紀時期的象牙工藝十分興盛，也很有自己的特色。在卡洛林王朝時期雕刻內容既有流傳的騎士故事，也有日常生活情節的描寫，更多的還是宗教內容的雕刻。

身材魁梧，鬍鬚滿腮，鋒利的寶劍從不離身。在此後的47年間，查理把他的大部分時間都用在了征戰上，他用自己的傳奇再一次證明了武力在建立一個政權時擁有的無上威力。

赫赫戰功

查理即位後不久，他的嫂子、卡洛曼的遺孀就帶著兒子逃到了娘家（位於義大利北部的倫巴底王國）。倫巴底人將卡洛曼的兒子立為法蘭克國王，打算和查理分庭抗禮。查理不愧是「鐵錘」的後人，他親自率領大軍擊敗了倫巴底王國，將對方的國王送進了修道院，把整個義大利北部併入了法蘭克王國的版圖。初試牛刀後，查理又瞄上了德意志北部的薩克森。772年，查理率領大軍東渡萊茵河，發動了對薩克森人（撒克遜人）的戰爭。這場戰爭歷時長達33年，大規模的戰役一共進行了18次，大約有四分之一的薩克森人被殺。最終，查理笑到了最後，戰敗的薩克森人放棄了本族的宗教信仰，改信基督教。接下來，查理的征伐進行得更加頻繁。787年，查理進軍西班牙；同年，查理的軍隊兼併了巴伐利亞公國；796年，查理的軍隊迫使多瑙河中部地區的阿瓦爾人臣服……就在查理所向披靡的時候，教皇利奧三世逃到了他的軍營。利奧三世在羅馬遭到了暴徒的襲擊，好不容易才逃出羅馬。查理率軍護送利奧三世回到羅馬，幫助利奧三世鞏固了位置。利奧三世很快就報答了查理的救命之恩。在800年的耶誕節，查理來到羅馬的聖彼得大教堂出席祈禱儀式，利奧三世把一頂準備好的皇冠戴在了查理的頭上，宣布他為「羅馬人皇帝」。此後，法蘭克王國變成了「查理曼帝國」，查理國王變成了「查理大帝」。

文治成就

稱帝之後，查理大帝開始精心經營龐大的帝國。當時，在查理帝國的疆域內，古希臘和古羅馬時代的文明已經蹤跡難尋，90%以上的老百姓都是文盲，懂得拉丁語和希臘語的僧侶少之又少。為了更好地管理國家，查理大帝在宮廷中興辦了大量的學校，禮聘四方學者來王宮講學。有查理大帝做表率，各地的修道院也開始興辦學校，大量的貧民子弟得以接受系統的教育，這也為中世紀西歐的教育制度奠定了基礎。查理大帝還下令保護古希臘與古羅馬時期的文化遺產，他讓人專門抄寫了許多拉丁文和希臘文手稿，為後代保留了大量的古典著作。在查理大帝的大力扶持下，國家的文化教育與過去幾百年相比有了顯著的提高，後世的史學家稱這一時期為「卡洛林文藝復興」。

813年冬天，查理大帝在外出打獵時感染了風寒，高燒不退。醫生們束手無策，不敢用藥。814年1月，查理大帝在王宮中去世，享年72歲。查理大帝死後不久，法蘭克王國開始走下坡路。843年，查理大帝的3個孫子簽訂了著名的《凡爾登和約》，強大的帝國一分為三，東法蘭克王國成了後來的德國，西法蘭克王國成了後來的法國，東、西部之間的地區成了後來的義大利。

v 查理大帝時期的聖物匣

2014年6月18日，在德國阿亨（Aachen）的市政廳舉辦了查理大帝的物品展覽，此次展覽是查理大帝逝世1200周年紀念活動的一部分，這件聖物匣是其中的展品之一。

VISIBLE HISTORY OF THE WORLD

關鍵詞：神聖羅馬帝國

「祖國之父」

■ 912年～973年

查理大帝去世後，法蘭克帝國被其子孫一分為三，其中的東法蘭克王國成為德意志的雛形。10世紀，正是德意志國家處於成形的關鍵時期，時代呼喚英雄，一位偉大的人物也應運而生，他就是被後人稱為「祖國之父」的鄂圖大帝。

國內一統

10世紀初期，從法蘭克帝國分化而來的東法蘭克王國已經在發展的道路上緩緩起步。當時，在東法蘭克王國的土地上形成了許多公國，其中包括薩克森、施瓦本、洛林、法蘭克尼亞、巴伐利亞、圖林根等，其中薩克森公國是所有公國中最大的一個。

> 鄂圖大帝像

鄂圖對歐洲歷史的一個重大的影響是他對義大利的入侵，從此開創了一種模式：每個有「作為」的德意志國王都要進軍義大利，並在義大利加冕為皇帝。

919年，有「捕鳥者」之稱的亨利一世（據說亨利一世在當選薩克森公爵時正在野外打鳥，所以有了「捕鳥者」的稱號）當選為德意志國王。這位國王在任期間做了兩件大事：其一，他以畢生的精力維護各公國之間的團結，以整個德意志的力量抵禦匈牙利人的入侵；其二，他養育了一個能力出眾的兒子，他的兒子率領他建立的軍隊立下了赫赫功勳。

936年，亨利一世去世，他的兒子鄂圖繼承父業，成為薩克森公爵。由於鄂圖風華正茂，文武雙全，再加上薩克森公國強大的實力，鄂圖也順利當選為新的德意志國王。儘管父親在王位上苦心經營了近20年，可鄂圖依然面對著異常險惡的局面，內部的貴族叛亂和外敵入侵接踵而來。937年，鄂圖的異母兄弟唐克馬爾號召了一批薩克森貴族發動了規模浩大的叛亂，接著，巴伐利亞、洛林、法蘭克尼亞等地的貴族也都蜂擁而起，幻想著從薩克森割下一塊塊「肥肉」。不過，這些叛亂者的美夢很快被現實擊碎，冷靜的鄂圖沒有一絲一毫的猶豫，他迅速調集了忠於自己的軍隊，以泰山壓頂之勢將叛亂者各個擊破。鄂圖那位妒火中燒的兄弟唐克馬爾眼見大勢已去，整個東法蘭克已無自己的容身之地，只得在恐懼中自殺。

v11世紀時期，神聖羅馬帝國的宗教繪畫。

平定反叛

一次叛亂失敗了，另一次叛亂卻又在醞釀中。939年，對鄂圖不滿的法蘭克尼亞公爵和洛林公爵聯手發動了叛亂。鄂圖以薩克森民眾為後盾，在施瓦本公爵的大力協助下再次平息了叛亂。為了徹底消滅叛亂勢力，將法蘭克尼亞和洛林徹底置於自己的羽翼之下，鄂圖任命女婿為洛林公爵。在施瓦本公爵逝世後，鄂圖又任命自己的兒子魯道夫為施瓦本公爵。至此，鄂圖將各公國的領地基本納入自己的版圖之內，逐漸控制了德意志的大部分領土：鄂圖親自統治薩克森和法蘭克尼亞，他的弟弟統治巴伐利亞，他的兒子統領施瓦本，他的女婿統轄洛林，整個東法蘭克都臣服於鄂圖的統治。

^ 象牙雕鄂圖大帝接受基督的祝福，現藏於紐約大都會藝術博物館。

當鄂圖沉浸在戰爭勝利的喜悅中時，沒想到後院居然起火。他平時都把精力用在了怎樣對付外部勢力的問題上，忽視了家庭內部的和諧融洽。953年，鄂圖的兒子和女婿因為權力分配的問題對鄂圖不滿，於是他們聯合美茵茲大主教反對國王。鄂圖得知這個消息後非常傷心，覺得自己平時待他們不薄，他們沒有理由反對自己。但是問題已經出現，那就必須要解決。鄂圖將德意志貴族籠絡到自己帳下，利用他們的力量來抵抗叛亂者，並取得了最後的勝利。954年，鄂圖大張旗鼓地召開帝國會議，討論重新分配土地的問題。他借此次會議將親信安插到各個公國之中，控制了各公國的內政。從此，德意志人對鄂圖俯首稱臣，再也沒有人敢挑戰他的權威。

出兵義大利

解決了家庭糾紛，鄂圖開始將視線轉向了德意志以外的世界。他在向東歐擴張的過程中遇到了一個強大的敵人——匈牙利人。954年，匈牙利人入侵東法蘭克。955年，鄂圖御駕親征，集中全國的兵力與匈牙利決一死戰。鄂圖率領的德意志和波希米亞聯軍在他提倡的「騎士精神」的鼓舞下，奮勇殺敵，幾乎全殲了來犯的匈牙利騎兵，從此解決了德意志的心腹大患，因此被後人稱為「祖國之父」、「鄂圖大帝」。

統一了德意志，戰勝了入侵之敵，這對任何一位帝王都是值得慶賀的大事，可對於雄心勃勃的鄂圖大帝來說，這只是一個開始，他的目標是要像查理大帝那樣向義大利進軍，讓教皇把象徵尊嚴、榮譽和權力的皇冠戴在自己的頭上。這個遠大的目標就像黑暗中的一座燈塔，指引著鄂圖將矛頭對準了教皇的大本營── 義大利。

v 鄂圖大帝和他的哥哥亨利和解

現藏於法蘭克福歷史博物館。在10世紀，義大利是歐洲經濟最繁榮、最富有的地區，卻又沒有形成統一的國家。鄂圖一世即位後，就將占領義大利，獲取財富作為基本國策。

正當鄂圖大帝為如何出兵義大利煞費苦心的時候，上天賜給他一個機會。961年，羅馬教皇約翰十二世和義大利城市貴族爭奪權力失敗，只好向手握重兵的鄂圖大帝求救。鄂圖大帝收到教皇的求救信後喜出望外，連忙率領大軍翻越阿爾卑斯山脈，殺入了義大利。義大利的城市貴族哪裡是鄂圖大帝的對手，很快就被鄂圖大帝的軍隊殺得片甲不留，教皇約翰十二世這才坐穩了自己的位置。962年2月2日，約翰十二世為感激鄂圖大帝的慷慨相助，在羅馬為鄂圖加冕，稱他為「奧古斯都」。鄂圖大帝終於如願以償，作為羅馬的監護人和羅馬天主教世界的最高統治者，成為「羅馬人的皇帝」，這也是後來「神聖羅馬帝國」的開端。在此後的840多年裡，德意志王國也被稱為「神聖羅馬帝國」。這個帝國極盛時期的疆域包括近代的德意志、奧地利、義大利北部和中部、捷克斯洛伐克、法國東部、荷蘭和瑞士。鄂圖大帝加冕後的第11天，就與教皇簽訂了著名的《鄂圖特權協定》，規定了皇帝對教皇的保護，教皇要絕對效忠於皇帝，教皇的人選由皇帝來決定。963年，鄂圖大帝廢黜了教皇約翰十二世，立良八世為新教皇。這一舉動等於否定了中世紀教皇凌駕於皇帝之上的慣例，開啟了皇帝任免教皇的先例，也拉開了歷史上皇帝與教皇長期鬥爭的序幕。之後，鄂圖大帝為了維持對教皇的控制，還兩度進軍羅馬。在控制教皇的同時，他也積極利用教皇來為其國家服務。他將主教教區改為采邑，這樣一來，主教就可以像帝國內其他官員一樣，擁有一切世俗的權利。這樣的舉措贏得了主教們的歡心，他們也成為帝國的堅實支柱。主教們還發揮他們的優勢，在意識形態上對那些被鄂圖大帝征服的民族進行「教育改造」，消磨他們的意志，使他們成為帝國的忠實臣民。

∧鄂圖一世肖像

現藏於荷蘭國立博物館。鄂圖一世雖被尊為「羅馬皇帝」，但皇帝的頭銜不是每個德意志國王都能自稱的，必須前往羅馬由教皇加冕才可以獲得皇帝稱號，沒有加冕的只能稱做「德意志國王」。

鄂圖大帝一生南征北戰，建造了一個龐大的帝國。他利用教皇的勢力將自己送上了皇帝的寶座，奠定了「神聖羅馬帝國」的基礎。他一方面把德意志各公國統一到了一面旗幟之下，有利於國家的統一；一方面屢屢對義大利用兵，拉開了教皇和皇帝鬥爭的序幕，從此，教皇的所在地—— 義大利便不得安寧了。

VISIBLE HISTORY OF THE WORLD

關鍵詞：絕罰

卡諾莎之行

▪ 1077年

讓我們把時間回撥到1077年1月的某一天，巍峨的阿爾卑斯山脈上正飄著鵝毛般的大雪，凜冽的寒風呼嘯不止。在這樣惡劣的天氣中出現了一隊人馬，他們在風雪中艱難前進。為首的騎士是一位二十七八歲的年輕人，只見他眉頭緊蹙，不斷地策馬前進。這位騎士就是整個歐洲大陸歷史上最顯赫的幾位至尊之一的德意志國王亨利四世。

幼主登基

1056年，年僅6歲的亨利四世加冕為德意志國王，亨利四世的母親阿格尼絲皇太后成為王國攝政。1062年，科隆大主教安諾挾持了亨利四世，逼迫皇太后下了台。接著，這位醉心於權力的主教任命自己為王國的新攝政，他不但剝奪了小國王參與政治活動的權力，連小國王的婚姻都大包大攬，自行做主為小國王定了婚事。不過，安諾主教的好日子只過了短短8年。1070年，20歲的亨利四世在多年的韜光養晦之後顯示出了自己的政治智慧，他聯合忠於自己的貴族，一舉擊敗了安諾主教，終於擺脫了傀儡的命運，成為王國的主人。

^版畫《亨利四世在卡諾莎》

亨利四世在卡諾莎城堡（托斯卡納伯爵夫人的城堡，教皇當時在此駐留），赤足披氈，在風雪中等候了三天，向教皇懺悔贖罪。最終，亨利四世透過韜光養晦之舉讓教皇取消了絕罰，獲得喘息的機會來鞏固王權。

掌握大權之後，亨利四世面對的政治局面仍然非常嚴峻，主要有兩大危機：第一是國內諸侯林立；第二就是當時在位的教皇額我略七世是一個權力慾望極強的人，正準備將任命和撤換主教的權力從國王手中奪回。這些主教大都是德意志地方上的大貴族，誰能控制住他們，誰才真正地掌握了德意志的權力。此時的亨利四世風華正茂，剛從權臣的陰影下解脫出來的他正欲一展身手，哪裡能讓教皇從自己手中奪走一絲的權力？對於教皇的命令，亨利四世嗤之以鼻。他不斷地將自己的親信安插到各地主教的位置上，打算逼迫教皇接受既成的事實。教皇得知此事後勃然大怒，立刻寫信給亨利四世，警告他必須立刻低頭認錯，交出主教敘任權。亨利四世看到信後也非常氣憤。1076年1月，亨利四世在沃姆斯召開了諸侯會議，宣布廢黜教皇額我略七世。在給教皇的回信中，亨利四世寫道：「我，亨利，以國王及全體主教的名義，向你宣告——下臺吧！下臺吧！在時代的洪流裡毀滅吧！」

^ 修女的生活

在11世紀的修道院中，修女的生活各方面都有嚴格的規定。她們每天只吃一餐飯，每天吃飯時都要誦讀經文。雖然她們的生活遠離社會，卻得到了廣泛的尊重。

然而，有著多年政治鬥爭經驗的額我略七世在53歲就登基成為羅馬教皇，大風大浪見過太多。在接到亨利四世的「戰書」後，他召開宗教會議，宣布對亨利四世施以「絕罰」，即開除亨利四世的教籍，廢黜其王位。「絕罰」是天主教會一項極其嚴重的懲罰，凡是受到這種懲罰的人，任何人不得與他接觸，只有當他向教皇進行了虔誠的懺悔並獲得教皇的赦免後方能撤銷懲罰，亨利四世由此變成了真正的孤家寡人。德意志境內的反對派施瓦本公爵、巴伐利亞公爵紛紛鬧事，開始推舉新的國王。面對羅馬教廷和諸侯的強大壓力，亨利四世只好屈服了，他決定親自前往義大利向教皇低頭認罪，於是便出現了開頭的那一幕景象。

屈辱的經歷

1077年1月25日，亨利四世來到額我略七世居住的卡諾莎城堡。他翻身下馬，脫下厚厚的衣服，身上裹著一條表示懺悔的毛氈，赤腳站在城堡外的冰雪之中。可勝券在握的教皇卻並不急於接見亨利四世，而是想讓他吃點兒苦頭，讓他知道和教皇作對的下場。三天的時間過去了，亨利四世仍然站在風雪中懺悔，一些主教看到亨利四世的窘況，開始為他求情。在眾人的勸說下，教皇也覺得教訓亨利四世的目的已經達到了，這才以勝利者的姿態接見了他。

亨利四世拖著早已麻木的雙腿，蹣跚地來到教皇面前，他眼淚汪汪地對額我略七世說：「教皇陛下，您是我的主人，我已經意識到我的罪過了，懇求您的寬恕。」額我略七世冷冷地回答說：「上帝是仁愛寬容的，我謹遵上帝的指示已經告誡過你，希望你不要濫用上帝賜予你的權力，可是你卻不聽勸告，一再地干涉教會。為此，我們不得不按照上帝的旨意對你施加懲罰。」亨利四世聽著額我略七

v 額我略七世

這位權力欲極強的人物在1073年4月22日當選為教皇。他鼓吹教皇權力至高無上，反對世俗君主操縱主教敘任權，從而使教皇與神聖羅馬帝國皇帝間的權力之爭日趨激烈。

世的數落卻不敢反駁，趴在地上號啕大哭。最後，在眾人的勸導下，額我略七世才趾高氣揚地說：「看來你是誠心誠意來向上帝懺悔的，作為上帝的使者，我不能對一個懺悔者置之不理。為了弘揚上帝的仁愛，我決定重新將你納入教會這個大家庭中來，但是你必須在上帝面前立下誓言，痛改前非。」亨利四世感覺到額我略七世的口氣有所鬆動，當即就寫下一份誓詞，表示自己願意遵照教皇的旨意，改過自新。亨利四世獲得了額我略七世的赦免後，帶著他的人馬離開了這個令他受盡屈辱的地方。此後，「卡諾莎之行」在西方世界就成了忍辱投降的代名詞。

鬥爭終結

卡諾莎的恥辱並沒有帶來和平，反而加重了教皇和皇帝之間的恩怨。亨利四世的妥協為他自己贏得了喘息的時間，他回國後立刻著手鎮壓貴族們的叛亂。額我略七世看到亨利四世如此桀驁不馴，就在1080年再次對亨利四世處以絕罰。亨利四世也再度宣布廢黜教皇，並任命了一名新教皇。1084年，亨利四世率領大軍進攻羅馬，額我略七世棄城而逃。一年之後，他在流亡中死去。1106年，亨利四世在列日去世。當時的教皇仍然對這位率兵攻打羅馬的皇帝恨之入骨，下令不得為亨利四世舉行葬禮，但列日的百姓們還是為自己的皇帝舉行了一個隆重的葬禮。

亨利四世的去世並不代表著政治鬥爭的結束，卡諾莎之行所埋下的仇恨種子一直影響著以後幾代皇帝和教皇。直到1122年，百年的權力之爭讓教皇和皇帝都筋疲力盡，雙方在德國西部的沃姆斯簽訂了《沃姆斯宗教協定》。協定規定：德意志境內的主教由教士自由選舉產生，而不受皇帝的直接干涉。但是，這種選舉必須在皇帝的監督下才能有效。主教在領地上的權力由皇帝來授予，以權標作為其象徵，宗教權力由教皇授予，以指環作為其象徵。一段延續了百年之久的教權和皇權之爭這才暫時告一段落。

VISIBLE HISTORY OF THE WORLD

關鍵詞：《威尼斯和約》

「紅鬍子」入侵義大利

■ 1154年～1186年

對於桀驁不馴的德意志諸侯，他是可怕的戰神，是王權的象徵；對於教皇，他是最可憎的對手，是秩序的破壞者；對於義大利人，他是血腥的屠夫，他那紅色的鬍子上沾滿了義大利人的鮮血……他就是德意志國王兼神聖羅馬帝國皇帝、留著紅色鬍鬚的腓特烈一世。他在一生中曾經六次入侵義大利，他也因此成為整個義大利的噩夢。

進軍義大利

腓特烈一世生活在一個動盪不安的時代，此時的德意志諸侯為了爭奪王位而廝殺不休。作為德意志最有權勢的霍亨斯陶芬家族的繼承人，29歲的腓特烈一世被選為德意志國王。這位新國王人高馬

> 這幅以腓特烈一世登基為背景的繪畫出自中世紀德國的韋爾夫家族。腓特烈一世（右側）手持頂部有十字的圓球和君主節杖，左側站著他的兒子亨利。

^義大利吟遊詩人漫遊的畫面

歐洲歷史上的第一批吟遊詩人產生於11世紀，他們大多出身於貴族家庭，具有很濃厚的騎士俠義精神，主張對朋友忠誠，以勇敢回報君主。在不少西方史學家的紀錄中，吟遊詩人對中世紀音樂、詩歌的保存起到不小的作用。

大，智力過人。因為他留著滿臉的紅色鬍子，因此眾人給了他一個「紅鬍子」的外號，這個外號在後來的幾百年裡成了腓特烈的代名詞。雄心勃勃的腓特烈一世剛一上任就制定了國家的基本國策，那就是占領義大利富饒的北部和中部，以占領地的資源來供給自己的帝國。不過，此時的德意志王國名義上是以國王為尊，可國內的大諸侯都是重兵在握，像有「獅子」之稱的薩克森公爵亨利就對腓特烈一世的王位虎視眈眈。攘外必先安內，腓特烈一世要想對外用兵，就必須解決國內的不穩定因素。他開始施展政治手腕，以巴伐利亞的領地為籌碼，誘惑亨利公爵和他建立了互助同盟。解決了最大的潛在對手後，腓特烈一世又揮舞著土地和爵位的空頭支票，一個個地安撫了手下的諸侯，徹底解決了自己的後顧之憂。

1154年，腓特烈一世率領大軍發動了對義大利的遠征，這也是他前後六次遠征義大利的第一次。教皇安日納三世幫了腓特烈一世的大忙，他給正在尋找出兵理由的腓特烈一世發來了一封聲淚俱下的求救信。原來此時的羅馬爆發了一場起義，老百姓在一位名叫阿諾德的教士的帶領下造反。起義者宣稱要廢除教皇的領地，讓教皇也和普通人一樣過儉樸的生活，並且要求廢除教會對人民的嚴厲管制。眼看著權位不保，安日納三世只好向手握重兵的腓特烈一世求助，並承諾事成之後要幫腓特烈一世加冕稱帝。喜出望外的腓特烈一世率領大軍日夜兼程，迅速到達了義大利。缺乏武器和訓練的起義者哪裡是正規軍的對手，起義很快就被鎮壓下去。

血腥加冕

腓特烈一世攻入了羅馬城，拯救了憂心忡忡的教皇。他覺得是時候收取報酬了，就要求教皇加冕自己為「神聖羅馬帝國」的皇帝。可教皇安日納三世在憂憤中去世，走馬上任的教皇哈德良四世是一個古板固執的人，他不但沒有對腓特烈一世感恩戴德，反而在加冕儀式上不停地挑剔著新皇帝的行為舉止，最後還要求腓特烈一世按照慣例，為教皇牽馬、扶鐙。心高氣傲的腓特烈一世早就被煩瑣的禮儀弄得肝火上升，現在這個全靠自己保護的教皇竟敢讓自己給他牽馬、扶鐙，真是忍無可忍。隨著腓特烈一世的爆發，喜氣洋洋的加冕慶典眨眼間變成了血腥的屠宰場，在場的近千名教士倒在了軍隊的屠刀之下。儘管加冕儀式血腥無比，但也總算是有了這麼一個儀式，腓特烈一世堂而皇之地接受了「來之不易」的尊號，成為「神聖羅馬帝國」的皇帝。

腓特烈一世如願以償地稱帝後，開始全力控制義大利的各個城邦。當時的義大利是歐洲的商貿集散地，東方的香料和絲綢、西方的寶石和武器都在這裡交易，是整個歐洲比較富裕的地區。不過，和發達的經濟相比，義大利在政治上卻四分五裂，各

v 銅鎏金腓特烈一世像

在占領義大利北部城市期間，腓特烈一世透過關稅、漁業稅、鹽業稅和礦山稅，以及貨幣鑄造權等手段，每年能從義大利掠奪了大量的財富，遠遠超過他在德意志的收入。

城邦各自為政，這種狀況無疑大大刺激了侵略者的野心。1154年，腓特烈一世召集義大利各城邦的代表，隆重地召開了隆卡格利亞帝國議會。這次會議重新申明了「神聖羅馬帝國」皇帝，也就是腓特烈一世對義大利擁有絕對的統治權，從官員的任命到賦稅的徵收都只能由皇帝決定。義大利的城邦代表懼怕腓特烈一世那支強悍的軍隊，只好在會議紀要上簽了字。不過，對義大利的財富垂涎三尺的腓特烈一世已經等不及用稅收等手段來掠奪財富了，他直接命令士兵在羅馬城中大肆搶劫，將搶來的金幣和珠寶一車接一車地運回了德意志。這種殺雞取卵的行為徹底激怒了義大利北部各城邦，他們組成了以米蘭為首的城邦集團，準備與「紅鬍子」決一死戰。

消息傳來，惱羞成怒的腓特烈一世分別於1158年、1160年兩次進軍義大利。前一次戰爭中，「紅鬍子」的軍事暴力壓倒了起義者，城邦同盟被迫投降。但後一次戰爭卻打得曠日持久，新任的羅馬教皇亞歷山大三世早就看不慣對教廷指手畫腳的「紅鬍子」，他宣布將腓特烈一世革除教籍，並表示支持城邦同盟的鬥爭。這個消息讓義大利各城邦喜出望外，堅定了他們鬥爭到底的決心。腓特烈一世聽到這個消息後暴跳如雷，發誓一定要徹底消滅這些「不知死活」的反對者。經過兩年的戰鬥，城邦同盟的大本營米蘭還是被攻陷了，米蘭的代表穿著麻布衣、光著腳來到軍營中向腓特烈一世請

v 佛羅倫斯建立於200年，歷史上一直是義大利半島上的貿易和藝術中心。12世紀時，佛羅倫斯成為歐洲重要的城市，經濟繁榮，居民眾多，這讓腓特烈一世把這座城市當成了一個聚寶盆。

< 12世紀時，義大利西西里島上的鑲嵌畫

降。可腓特烈一世絲毫不講情面，他命令士兵將米蘭居民趕到城外，並在城市中心廣場上挖出深溝，使其成為寸草不生的地方。為了震懾起義者，他還命令士兵將俘虜的頭顱砍下，拿來當球踢，以此來侮辱米蘭的民眾。軍事上的勝利讓腓特烈一世得意忘形，他在發布文告時還不忘往自己的臉上貼金，稱自己是「上帝所加冕的、偉大與和平的使者，光榮的勝利者與帝國不斷擴大的締造者，羅馬人的皇帝腓特烈」。

兵敗義大利

腓特烈一世的屠城暴行並沒有嚇倒義大利的民眾，反而激起了他們反抗殘暴統治的勇氣。1167年，威尼斯、維洛納等義大利城邦組成了新的「倫巴底同盟」。看到義大利人的起義浪潮一浪高過一浪，腓特烈一世又發動了第四次侵略戰爭。戰爭一開始，腓特烈一世的大軍勢如破竹，很快就攻占了羅馬。可接下來的戰鬥卻陷入了僵局，腓特烈一世的軍隊遭到了義大利人民的頑強抵抗，軍隊裡瘟疫流行。眼看自己掉進了「人民戰爭」的汪洋大海，腓特烈一世只好丟下部隊，化裝成農夫逃回了德意志。

位居皇帝之尊居然要化裝逃跑，這對腓特烈一世來說簡直是奇恥大辱，他發誓一定要報仇雪恨。1174年，腓特烈一世重整旗鼓，率領著數萬大軍第五次進軍義大利。此時，加入「倫巴底同盟」的義大利城市也增加到了22個。戰爭剛一開始，同盟還想透過和談解決問題，但是腓特烈一世拒絕和談。1176年，最後的決戰在米蘭附近爆發了。戰鬥打得天昏地暗，腓特烈大軍在眾志成城的義大利人面前遭受到毀滅性的打擊。腓特烈一世身受重傷，只得率領著自己的殘兵敗將放下武器，向「倫巴底同盟」投降。

1177年，腓特烈一世被迫與教皇亞歷山大三世簽訂了《威尼斯和約》，腓特烈一世同意歸還教產，同時不再插手教皇國的內部事務。為了表示自己悔改的「誠心」，腓特烈一世還「虔誠」地跪在亞歷山大三世的腳下親吻了教皇的腳。1183年，腓特烈一世與「倫巴底同盟」簽訂了《康斯坦茨和約》，廢除了隆卡格利亞帝國議會的一切決議。雖然腓特烈一世在戰場上一敗塗地，但是他畢竟還是「神聖羅馬帝國」的皇帝，於是「倫巴底同盟」允許腓特烈一世在名義上保留人事任免權，並且規定「倫巴底同盟」在皇帝出巡時必須做好接待工作，總算是給腓特烈一世保留了一點兒顏面。

1186年，腓特烈一世對義大利發動了第六次進攻，也是他最後一次進攻義大利，但是這次進攻仍然以失敗告終。1189年，67歲高齡的腓特烈一世在征戰途中掉進了河裡，沉重的盔甲讓他變成了水中的「秤砣」，這位雄心勃勃、戎馬一生的皇帝最終以這樣的方式告別了人世。

v《腓特烈一世的婚禮》，現藏於倫敦國家肖像畫廊。

VISIBLE HISTORY OF THE WORLD

關鍵詞：政治聯姻

腓特烈二世的傳奇人生

■ 1194年～1250年

腓特烈二世是「紅鬍子」大帝的孫子、霍亨斯陶芬家族的嫡系子孫，他的頭上冠冕無數：德意志國王、「神聖羅馬帝國」皇帝、西西里國王、耶路撒冷國王、義大利國王和孛艮地國王。尼采曾經評價他是「歐洲第一流的人才」，他的坎坷一生確實也充滿了傳奇色彩。

童年生活

腓特烈二世的祖父是有「紅鬍子」之稱的腓特烈一世，這位野心勃勃的皇帝一直想把義大利當成自己的囊中之物。為了早日把義大利變成自家的後花園，他除了在軍事上大打出手外，還使出了政治婚姻的招數——為自己的兒子，即後來的亨利六世迎娶了西西里王國的女

> 腓特烈二世時期的銅鎏金獅子造型水罐，現藏於紐約大都會藝術博物館。

繼承人、34歲的康斯坦絲。腓特烈一世沒等看到這場政治婚姻帶來的紅利，就淹死在了東方的河裡。1194年12月26日，已經貴為王后的康斯坦絲在前往西西里島的路上生下了腓特烈二世。皇子的誕生本應是一件喜慶的大事，可迎接這個小生命的卻是無休止的謠言。有人說孩子的生父是某個屠夫，所謂的王子出生不過是個乞丐換王子的鬧劇。面對著種種非議，王后只得向附近鎮上的婦女們展示自己滴著乳汁的胸脯，以維護自己和孩子的聲譽。

由於父母的保護，還在襁褓中的小腓特烈並沒有因為這場風波而失去王位的繼承權。1196年12月，剛滿兩周歲的腓特烈被推舉為德意志國王，史稱「腓特烈二世」。不久，亨利六世感染了瘧疾，最終拋下了妻子和兒子，撒手人寰。1年以後，年僅44歲的康斯坦絲王太后也走到了生命的盡頭。這位王太后臨終前最放心不下的就是牙牙學語的兒子，她把小腓特烈託付給了教皇依諾增爵三世，希

v《獵鷹術》插圖

腓特烈二世是一位多才多藝的君主，他在文學、音樂等方面都有所涉獵，其中最著名的作品就是教授獵鷹技巧的《獵鷹術》一書。

望兒子能在教皇的庇護下成長起來。

儘管幼年的腓特烈二世聰明可愛，但他的祖父畢竟曾經是教皇的死敵，他的家族和教廷鬥爭了幾十年，這都注定了教皇不會盡心盡力地撫養這個可憐的孤兒。此時的腓特烈二世缺少寬厚的父愛和慈祥的母愛，他沒有玩伴，沒有知識淵博的老師，就這樣孤獨地在西西里王國冷漠的巴勒莫王宮中度過了自己的童年時光。這個孩子的頭上雖然戴著人人羨慕的王冠，但他卻是一個名副其實的孤家寡人。由於教皇大人的冷落，這個可憐的國王吃飯都成問題，有時只能靠那些心存王室的達官貴人的接濟，才能填飽肚子。不過，這種生活也造就了腓特烈二世獨特的性格，一方面，他平易近人，可以和賣麵包的大嬸聊天，可以向馬車夫們請教問題；一方面，他剛愎自用，以自我為中心。腓特烈二世不像其他那些生活在高牆之中的國王那樣四體不勤、五穀不分，他見多識廣，了解下層人民的生活，這些經歷都為他日後恢復祖輩的榮光打下了基礎。

命運的轉折

在腓特烈二世15歲的時候，一向對他不聞不問的依諾增爵三世親自為腓特烈選定了一位新娘。這位新娘是一個比腓特烈二世大10多歲的寡婦，但她是亞拉岡的公主。很明顯，這又是一次冷酷的政治婚姻。新娘帶來了絕對豐厚的嫁妝，甚至還包括一支裝備精良的部隊。正是在這支武裝力量的支持下，腓特烈二世開始削弱貴族領主和教會的勢力，建造城堡，建立強大的海軍。這也讓西西里王國的國力蒸蒸日上。

或許這位新娘真的是腓特烈二世的「幸運女神」，就在腓特烈二世在西西里王國大展宏圖的時候，德意志王國也傳來了好消息。亨利六世去世後，德意志另一個豪門望族──韋爾夫家族趁勢而起，他們推舉的鄂圖四世打敗了亨利六世的弟弟、腓特烈二世的叔叔菲利浦，從霍亨斯陶芬家族手中奪走了王位。可鄂圖四世上台不久，就開始和教皇依諾增爵三世爭奪

^ 油畫《東方三賢人來朝》

權力，依諾增爵三世轉而支持腓特烈二世。雄心萬丈的腓特烈二世不顧妻子的反對，毅然帶領著一支部隊回到了德意志。當時的德意志人民仍在懷念勇武的「紅鬍子」，他們把這份忠誠全部獻給了腓特烈二世，希望他能再現昔日的榮光。1211年，腓特烈二世在法蘭克福被選舉為德意志國王。1214年，腓特烈二世和他的盟友法國在布汶戰役中徹底擊潰了鄂圖四世的軍隊。6年後，腓特烈二世加冕為「神聖羅馬帝國」皇帝。

殘酷的鬥爭

腓特烈二世登基稱帝後不久，就和教皇發生了矛盾。此時在位的教皇額我略九世是一個性格倔強、行事果斷的人。額我略九世覺得腓特烈二世在教廷的支持下撈足了好處，是該為教廷出力的時候了。他命令腓特烈二世率軍參加十字軍東征，腓特烈二世非常順從地率軍出征，可半路上軍中暴發了可怕的瘟疫，腓特烈二世只得下令撤軍。這一行為徹底激怒了額我

v 紐倫堡景觀

13～14世紀的紐倫堡，是歐洲商業和文化的中心，聚集著各個領域的精英，有著迷人的魅力。

略九世，他覺得瘟疫不過是個藉口，野心勃勃的腓特烈二世試圖挑戰自己的權威才是事實。額我略九世越想越生氣，對腓特烈二世使用了絕罰，宣布革除腓特烈二世的教籍。無端受罰的皇帝覺得自己遭受了天大的冤枉，只好再度率領大軍出征。

腓特烈二世一路上沒有進行大規模的戰鬥，而是反復地談判、溝通、收買，甚至還使用了政治婚姻這種「家傳法寶」。他和耶路撒冷王國的女繼承人伊莎貝拉結婚，還從埃及蘇丹手中獲得了耶路撒冷及其附近地區。1225年，腓特烈二世加冕成為耶路撒冷國王。這下腓特烈二世可謂不虛此行，抱得美人歸的同時還將王冠戴在了自己的頭上。可他的行為在教皇眼中卻是大逆不道，額我略九世以此為藉口，派軍隊進攻西西里王國。這時的腓特烈二世有一支效忠於他的強大軍隊和一大批支持他的普通百姓。得到消息後，腓特烈二世迅速回到西西里，一舉擊潰了教皇的軍隊，額我略九世被迫解除了對腓特烈二世的絕罰，雙方停戰議和。

v 油畫《腓特烈二世和他的母親》

正是在腓特烈二世統治時期，德意志的大封建主變成了各邦諸侯，諸侯這個名詞出現在了德意志的歷史中。

教皇與皇帝的第一輪較量是皇帝勝出，為了雪洗戰敗的恥辱，教皇和曾經挫敗過「紅鬍子」的「倫巴底同盟」結成聯盟，共同對付腓特烈二世。1237年，信奉先下手為強的腓特烈二世率軍攻入義大利，把「倫巴底同盟軍」打得落花流水，奪取了薩丁

^ 腓特烈二世畫像

由於腓特烈二世一生征伐無度，人們傳說在他去世的時候，惡魔把他的靈魂從埃特納火山口帶往了地獄。現在西西里地區仍然有這樣的說法：這位國王會騎著白馬從埃特納火山口躍出，以救世主的身分拯救世界。

尼亞島，將西西里的中央集權體制「嫁接」到了占領區。額我略九世再次宣布開除腓特烈二世的教籍，腓特烈二世一不做二不休，率軍圍攻羅馬。不久，腓特烈二世的死敵、教皇額我略九世在憤懣中離開了人世。

煙消雲散

額我略九世去世後，他的繼任者依諾增爵四世迫於腓特烈二世的強勢地位，逃到了法國的里昂暫避風頭。新任教皇開始借助法國的勢力恢復教廷的地位，還號召各國君主聯合起來對付腓特烈二世。腓特烈二世在戰場上稱雄，在外交和論戰中同樣咄咄逼人。他以牙還牙，給歐洲各國君主發去了公開信，在信中聲討教皇對世俗的統治，這也引發了一次有關神學的大論戰。

1250年12月，腓特烈二世和教皇的鬥爭正進行得如火如荼的時候，皇帝在一次打獵活動中病倒了。12月13日，腓特烈二世在瓦倫蒂諾城堡中離開了這個世界，享年56歲。按照他生前的遺囑，腓特烈二世被安葬在巴勒莫大教堂的地下室，那是他父母安息的地方。在中世紀的歐洲，腓特烈二世算得上一位影響深遠的人物，他的大力打擊讓教皇的權威一降再降，他的全力扶持讓德意志諸侯的勢力愈加膨脹，他對文學藝術的熱愛讓義大利的文化氣氛愈加濃厚，他的人生在吟遊詩人的詞句中迸發出光輝。

VISIBLE HISTORY OF THE WORLD

關鍵詞：空位時代

混亂的空位時代

■ 1254年～1272年

在德意志的歷史上曾經出現過這樣的情況，在十幾年的時間裡，國家居然沒有一位強有力的至尊。群雄並起，無數熾熱的目光盯著華貴的王座，這就是德意志歷史上著名的空位時代。

種下惡果

∨ 象牙雕聖約翰像

上一個故事我們講過，腓特烈二世頭上的王冠多得嚇人，據說這位國王最得意的事情就是把自己眾多的王冠整齊地放在眼前，一個個地觀賞。在世人的眼中，這些王冠中最閃亮的兩頂當然是德意志國王和西西里國王，可終其一生，腓特烈二世都熱衷於稱自己為「西西里國王」，而很少稱自己為「德意志國王」。他一生大部分時間都住在義大利南部，頭上雖然頂著德意志的王冠，卻把主要精力放在了治理西西里王國上，對德意志的政治、經濟缺乏一個君王應有的關心，他甚至都不能用德語流利地對話。腓特烈二世把那些關乎國家經濟命脈的事務統統交給德意志王國的諸侯來管理，關稅權、開辦集市權和鑄幣權都落入了諸侯的手中，這些諸侯逐漸發展成為獨立的邦國。這種放權讓諸侯的勢力飛速增長，雖然在政治強人腓特烈二世高超的手腕下，諸侯們一直保持著對王權的謙恭和畏懼，可隨著腓特烈二世的去世，他的繼承者再也沒有能力壓制住野心勃勃的諸侯，大混亂的時代就此開始了。

v七選侯像金杯

1257年德意志王國選舉國王時有七大諸侯參加，他們是科隆大主教、美因茲大主教、特里爾大主教三大教會選侯，薩克森公爵、巴拉丁伯爵、布蘭登堡馬克伯爵和波希米亞國王四大世俗諸侯。這是德意志歷史上第一次出現七大諸侯選舉國王事件。

皇位空缺

腓特烈二世去世後，他的兒子康拉德四世繼位。可這位新國王僅僅戴了4年的王冠就去世了，德意志就此進入了沒有皇帝的空位時代。康拉德四世去世後，部分諸侯將荷蘭伯爵威廉推上了皇帝的寶座。這位名不正、言不順的皇帝王位還沒有坐熱，就被反對他的諸侯暗殺了。國不可一日無君，1257年1月，德意志的各大諸侯在科隆召開了帝位選舉大會，實力強大的萊茵伯爵等選侯將英王亨利三世的弟弟、康瓦爾伯爵理查推選為皇帝。這樣一來，英格蘭是高興了，可法國人卻不願意了。同年4月，在法國國王的支持下，特里爾大主教聯合其他選侯另選了腓特烈一世的曾孫阿方索十世為皇帝。於是便出現了由英法兩國各支持一個德意志國王的滑稽局面。實際上，這兩位皇帝都不是合格的人選。理查只是以考察的名義到過德意志，他在德意志既無聲望，又無根基；阿方索十世雖然是腓特烈一世的子孫，可他此前卻沒有踏入過德意志王國半步，除了他的血統，他本人和德意志再也沒有其他的聯繫。不過，諸侯們根本不在乎他們的能力和資歷，兩個聽話的傀儡才是諸侯們所希望的。就這樣，從1254年到1272年，德意志要嘛沒有皇帝，要嘛就一下子出現了兩位名義上的皇帝，此時的皇帝大都坐在寶座上做做表面文章，而非名副其實的統治者，「空位時代」這個名詞也就誕生了。

深遠影響

1272年，理查去世。經過羅馬教皇的努力，1273年，哈布斯堡伯爵魯道夫一世當選為「神聖羅馬帝國」皇帝，從而結束了德意志歷史上沒有皇帝的空位時代。魯道夫一世能得到諸侯們的「擁戴」，實在是因為他的實力太弱，地盤太少，諸侯們這才放心地讓他登上了帝位。

不過，空位時代的影響並沒有就此結束。在此後的幾十年裡，帝國四分五裂，德意志諸侯每次推選皇帝時，總是希望選出一個能夠為諸侯服務的傀儡皇帝，而不是一位權力慾望強大的實權皇帝。所以，在以後的一段時間裡，皇帝總是由不同家族的諸侯交替擔任。隨著政治勢力的優勝劣汰，德意志諸侯中逐漸形成了三個有能力問鼎皇位的大家族，他們分別是巴伐利亞的維特爾斯巴哈家族（一次上臺），波希米亞的盧森堡家族（兩次上臺），奧地利的哈布斯堡家族（四次上臺）。這些家族圍繞著皇帝寶座展開了激烈的鬥爭，血腥的政治鬥爭一直持續到14世紀上半葉。在此後的100多年裡，德意志的諸侯們互不相讓，德意志始終沒能成為一個強大的、統一的國家。

到了16世紀德國宗教改革前夕，德意志境內有七大選侯，十幾個大諸侯，200多個小諸侯，上千個獨立的騎士領地。當時，德意志王國的國土面積並不大，卻出現了這麼多的割據勢力，也難怪德國的統一要遠遠落後於他的鄰居——法國和英國。

VISIBLE HISTORY OF THE WORLD

關鍵詞：《九十五條論綱》

馬丁・路德和宗教改革

■ 16世紀

在整個中世紀，神聖羅馬帝國皇帝和教皇之間的較量持續了百餘年，雙方互有勝負。正當教皇在為世俗權力爭奪得焦頭爛額的時候，一場轟轟烈烈的宗教改革運動又在德意志的土地上興起了，這場運動的領導者就是16世紀著名的改革者、德意志農民的兒子——馬丁・路德。

路德的準備

1483年11月3日，馬丁・路德出生在德意志東部的一個偏僻小山村裡，他的父親是一個小場主，靠開煉鐵工廠養活全家老小。

當時的德意志政治上四分五裂，諸侯國林立。此外，羅馬教廷派出的教士們在

> 馬丁・路德像

馬丁・路德是一位多產的作家，除了翻譯了文字華麗的德文版《聖經》外，他還寫下了大量的筆記、散文和詩歌。

^1517年，馬丁・路德因為反對教會銷售「贖罪券」，憤然寫下了《九十五條論綱》對教會進行抨擊。第二年，教會也針鋒相對地發表了《五十條論綱》，大肆攻擊馬丁・路德，圖為馬丁・路德當眾焚毀《五十條論綱》的場面。

德意志為非作歹，國家被他們折騰得烏煙瘴氣。教廷每年從德意志搜刮的金錢比皇帝搜刮的要多二十幾倍，德意志成了教廷的「奶牛」。更讓人氣憤的是，教士們利用各種偽造的聖物來詐騙農民的血汗錢，什麼「天使的羽毛」、「耶穌誕生時馬槽裡的稻草」都在德意志各地大肆販賣。

在這種環境中成長起來的馬丁・路德目睹了教士腐敗糜爛的生活，他決心發動一場宗教改革，革除教會的陋習，整頓教會的風氣。從神學院畢業後，馬丁・路德沒有像親朋好友期待的那樣，進入大城市的教會撈個「肥差」，而是到艾福特聖奧古斯丁修道院當了一名普通的修道士。馬丁・路德在修道院裡刻苦鑽研神學，他潔身自好，品行端正。經過多年的修行，他在1508年成為維登堡大學的神

^1530年，查理五世在奧古斯堡又一次召開了會議，試圖「勸說」宗教改革者和羅馬天主教和解，結果會議再次陷入僵局。

學教授。更高的地位並沒有抵消路德改革的決心，反而讓他切身感受到教皇和教會的奢侈無度，更加堅定了他進行宗教改革的決心。可要消除教會現行的弊端，就必須有一套自己的學說來指引改革的方向。經過仔細思考，馬丁・路德創立了自己的宗教學說——因信稱義說。他認為，一個人只要靠個人虔誠的信仰就可以拯救靈魂，而與煩瑣的教會儀式無關。他的這一學說，從根本上否定了教皇的權威，對於教皇來說簡直是晴天霹靂。

反叛教會

馬丁・路德打造自己的理論武器的時候，一個偶然的事件徹底點燃了他的反抗之火。事情的經過是這樣的，1517年，教皇良十世想重修聖彼得大教堂，可錢從哪裡來呢？教皇大人看上了靠賄賂當選美因茲大主教的阿爾布雷希特教士。阿爾布雷希特為了幫助教皇大人完成夙願，也為了還清自己當選前欠下的高利貸，他開始在德意志大肆兜售「贖罪券」。「贖罪券」是教廷從老百姓手中榨取財富的一種東西，教士們宣稱不論犯下了什麼罪，哪怕是殺人、搶劫這樣的惡行，只要購買了「贖罪券」，上帝就可以格外開恩地赦免本人或其親屬的罪過。對於那些已經去世的人，只要親人幫他購買了「贖罪券」，他們的靈魂就能夠從地獄中拯救出來，這就是所謂的「錢幣叮噹一聲響，靈魂立刻出煉獄」。阿爾布雷希特教士的所作所為很快就傳到了馬丁・路德的耳中，他氣憤不已，決定同教會徹底開戰。

1517年萬聖節前夕，馬丁・路德在維登堡的卡斯爾教堂大門上張貼了一張署名的《九十五條論綱》。這篇文章痛斥「贖罪券」制度的種種罪惡，提出了「信仰耶穌即可得救」的口號，反對用金錢來贖罪的荒謬行為。馬丁・路德在文章中寫道：「任何一個基督教徒，只要自己虔誠懺悔，即便不購買『贖罪券』，同樣能夠獲得上帝的赦免。當錢幣扔在錢櫃中叮噹作響的時候，只能增加貪婪和慾望。至於購買『贖罪券』是否可以贖罪，這個完全以上帝的意志為轉移。」文章雖然是用拉丁文寫成的，但是很快就被翻譯成德文，迅速傳遍了德意志的每個角落，在百姓中引起了強烈的共鳴。教皇良十世知道這件事後，就命令馬丁・路德到羅馬接受詢問。而當時的薩克森選侯腓特烈很同情馬丁・路德，在他的力保之下，教皇沒有立即對馬丁・路德下手。1519年，路德參加了在萊比錫舉行的宗教辯論會，他和天主教著名的神學者埃克展開了一場唇槍舌劍的辯論。無論埃克如何恐嚇，馬丁・路德始終堅持自己的觀點。辯論雙方針鋒相對，不能達成一致意見，都憤憤地離開了會場。

1520年，馬丁・路德發表了自己關於宗教改革的三大論著——《論基督徒的自由》、《論教會的巴比倫之囚》和《關於教會特權制的改革致德意志基督教貴族公開信》。這三本著作剛一上市就被搶購一空，7天之內就再版印刷。在這三本著作中，馬丁・路德攻擊的矛頭不光指向了整個教會的奢侈腐敗，更對整個封建神權制度進行了根本的批判，他稱羅馬教會是「打著神聖教會與聖彼得的旗幟的、人間最大的巨賊和強盜」。他的觀點從根本上否定了中世紀的教會組織，提出了建立與資本主義經濟發展相適應的資產階級廉潔教會。馬丁・路德的學說在德意志下層民眾間廣為傳播，深受教會剝削之苦的老百姓把馬丁・路德看成了大英雄，可在教皇眼中，馬丁・路德卻是十惡不赦的大魔頭。同年10月，教皇頒布詔書，命令馬丁・路德在60天內改過自新，否則就對他施以開除教籍的懲罰。馬丁・路德並沒有因此而動搖他的信念，在廣大人民的歡呼聲中，他將詔書焚毀。這個舉動極大地鼓舞了深受壓迫的德意志人民的鬥志。

誓死抗爭

德意志人民對馬丁・路德的支持使教皇感到了人民力量的可怕，無奈之下，他只好向當時的「神聖羅馬帝國」皇帝查理五世求救，希望查理五世能夠出面給馬丁・路德定罪。在教皇的再三懇求下，查理五世於1521年4月17日至26日，在沃姆斯召開了宗教會議，會議決定給馬丁・路德這樣一個離經叛道的叛逆者一些懲戒。可馬丁・路德並沒有被皇帝的淫威嚇倒，他理直氣壯地來到沃姆斯，在帝國會議上慷慨陳詞，他宣稱：「我堅持己見，絕無反悔！」

教皇和查理五世見他們嚇不倒馬丁・路德，便惱羞成怒，開始利用國家機器對馬丁・路德施加人身迫害，還宣布馬丁・路德為不受法律保護的人。面對來自整個統治階級的巨大壓力，馬丁・路德只好隱姓埋名居住在瓦爾特堡，從事《聖經》的翻譯工作。路德並沒有因此而沉淪下去，他的翻譯工作也有著不可估價的積極意義。1543年，馬丁・路德終於翻譯出版了德文版的《聖經》。路德所翻譯的《聖經》是原汁原味的，是根據最原始的希伯來文和希臘文原本翻譯而成。之前因為沒有德文《聖經》，德意志老百姓經常受到教士們的欺騙。現在本民族語言版本的《聖經》出現了，這就為人民提供了反抗天主教會的思想武器，也使德語成為聯繫德意志各邦國的文化紐帶。

立場軟化

馬丁・路德前期的鬥爭為德意志人民指明了方向，當德國農民將宗教改革進一步向前推進，使之發展成為一場農民運動的時候，馬丁・路德卻退縮了。他不但失去了昔日的鬥志，還居然反過來勸說農民放下武器。他寫下了名為《反對殺人越貨的農民暴徒書》。他曾說：「無論誰，只要力所能及，無論採取什麼手段，都應該把他們（農民革命者）殺死！」以前，馬丁・路德聯合廣大民眾對抗教皇，致力於宗教改革；現在他卻脫離了人民，蛻變成了皇帝的統治工具，這不能不說是他的悲哀。正如恩格斯所說：「馬丁・路德不僅把下層人民的運動，而且連市民階級的運動也出賣給了諸侯。」

1546年2月，馬丁・路德在其出生地艾斯萊本走到了生命的盡頭，享年63歲。馬丁・路德一生功過參半，他發起並領導的宗教改革運動席捲了整個德意志，結束了羅馬天主教會對西歐的封建神權統治。他的宗教學說為新興資產階級革命提供了強大的思想武器。恩格斯是這樣評價馬丁・路德的：「他是那個時代的巨人，他也無愧於這一光榮。」

> 慕尼黑的馬丁・路德塑像

馬丁・路德翻譯的《聖經》德文譯本確立了德意志民族的標準語言，這是他對德意志文化的最大貢獻。他還根據第46首讚美詩編寫了聖歌，被恩格斯稱為「16世紀的馬賽曲」。

關鍵詞：農民起義

德意志農民戰爭

▪ 1524年～1525年

嗨！我是貧窮的康拉德（農民）！

皮鞭不住抽，即便被剁成肉泥又能向誰訴？

活剝我們皮，還把我們的妻子侮辱。

嗨！貧窮的康拉德！舉起手中的長矛，

用戰斧把貴族老爺對付。

——德意志農民戰爭中的戰歌

苦難生活

前面一個故事我們講到了羅馬教廷在德意志橫徵暴斂，而大大小小的封建領主是壓在農民身上的另一座大山。貴族老爺們衣來伸手，飯來張口，他們在自己的地盤上隨意增加地租和賦稅，光地租就占到了農民收成的40%。可領主們的慾望還是難以滿足，他們隨意擴大自己的領地，像沼澤、森林、河流這些原本無主的土地都被他們劃歸到了自己的名下。

此外，貴族在自己領地內的權力無限增大，他們對農民最微小的過失都會施以最嚴酷的刑罰。曾經有一個農民在巴伐利亞某個貴族的小河裡捉了幾隻螃蟹，居然被判處了斬首的刑罰。諸如此類的事情不勝枚舉，貴族們似乎把虐待農民當成了一種消遣，諸如割耳、挖眼、斷肢、斬首、火焚等酷刑都被發明出來。活下去已經成了奢望，仇恨之火再也無法抑制，一場風暴即將到來。

^ 16世紀德意志貴族的鎏金鎧甲

在鎮壓農民起義的過程中，德意志的封建領主除了動用自己的私人軍隊外，還大量雇傭了來自瑞士的雇傭軍為其作戰。16世紀時，許多瑞士平民因經濟貧乏，只得靠軍事技術營生，誰給錢為誰服務。

決裂與起義

讓這場風暴如期而至的是一位叫閔采爾的學者。這位萊比錫大學的神學博士出生於一個手工業者家庭，他很小的時候，父親便被當地的領主處死了，這讓他對貴族領主有著刻骨的仇恨。1517年，馬丁・路德在德意志掀起了宗教改革運動，閔采爾很快就成了路德的忠實信徒。可隨著改革運動的高漲，路德開始宣揚以溫和的手段進行改革，閔采爾最終離開了路德。他來到布拉格，發表了著名的《布拉格宣言》，表示自己將與教會和封建領主勢不兩立。1524年，路德寫出了名為《為反對叛逆的妖精致薩克森諸侯書》的文章，污蔑閔采爾是「撒旦的工具」，要求領主們對他採取「堅決的行動」。而閔采爾則回敬路德是「維登堡的行屍走肉」。這次理念之爭沒有損害閔采爾的形象，反而讓他的思想深入人心，起義已經刻不容緩。

1524年6月，黑林（今天的黑森州）南部的農民首先豎起了起義的大旗。很快，起義的烈火蔓延到了巴登、法蘭克尼亞（弗蘭肯）、符騰堡、圖林根和薩克森，起義隊伍發展到15萬人，逐漸形成了施瓦本、法蘭克尼亞和圖林根三大中心。而閔采爾親自領導的圖林根起義更是達到了這次農民戰爭的頂峰——起義軍建立起一個「永久議會」，閔采爾被選為主席。農民軍攻占城市、莊園、城堡和修道院，分掉貴族的土地和財物，處死了一大批窮凶極惡的貴族領主。隨著起義的發展，施瓦本起義軍還提出了自己的政治綱領——《十二條款》，要求廢除農奴制，取消什一稅和死亡稅，實現狩獵、捕魚和伐木自由。

當時，德意志領主的軍隊大多在義大利和法國人作戰，根本沒有辦法立刻鎮壓農民軍，只好打著和談的幌子拖延時間。不久，領主們的大軍從義大利開回了德意志，領主們決定向農民軍徹底開戰。當時，封建領主的軍隊有1萬多人，其中比較精銳的巴伐利亞軍、施瓦本聯軍和薩爾斯堡大主教的雇傭軍有精銳騎兵3000多人，還裝備有大量的火炮；而農民軍雖然有10萬之眾，可駐地分散，缺乏聯繫。一邊是武裝完善的職業軍人，一邊是拿著鋤頭的農夫，戰鬥的結果就可想而知了。1525年5月15日，閔采爾率領的農民軍主力在弗蘭肯豪森遭遇了施瓦本貴族聯軍主力，農民軍高呼著「誓與魔鬼們血戰到底」的口號，勇敢地投入戰鬥。經過3個多小時的血戰，5000多名農民軍戰死，閔采爾也負傷被俘，最終慘死在貴族的屠刀之下。德意志農民戰爭雖然失敗了，但它強有力地衝擊了天主教會在德國的統治，促進了整個歐洲的宗教改革和文藝復興運動的發展。恩格斯把德國農民戰爭稱為「歐洲資產階級反對封建制度的第一次大決戰」。

˅1521年11月，閔采爾在波希米亞（捷克）的布拉格發表了著名的《布拉格宣言》，表達了對封建制度對人民剝削的憎恨，主張建立一個沒有等級、沒有私有財產的社會。

VISIBLE HISTORY OF THE WORLD

關鍵詞：《西發里亞和約》

三十年戰爭

■ 1618～1648年

三十年戰爭可以說是歐洲歷史上的第一次國際戰爭，它在戰爭烈度上已經可以和第一次世界大戰相提並論。歐洲的主要強國都不同程度地參與其中，積蓄了幾百年的宗教和政治等各種矛盾全面爆發；歐洲版圖的再次劃分、華倫斯坦和古斯塔夫的領舞、軍事技術的革命……無論是地理學家、歷史學家、文學家還是軍事學家，都能從這場戰爭中找到自己感興趣的東西。

對壘雙方

962年，德意志國王鄂圖一世在羅馬由教皇加冕稱帝，揭開了「神聖羅馬帝國」的歷史序幕。這個帝國鼎盛時期的疆域包括了今天的德國、捷克（當時稱波希米亞）、奧地利、義大利北部和瑞士等地，法國和英國在那時還是它的跟班。但到了16世紀末、17世紀初，「神聖羅馬帝國」已經如同一個垂暮的老人，帝國的核心之地——德意志諸侯

^1618年5月23日，斐迪南的兩名寵臣被捷克群眾從王宮的視窗扔了出來，這就是歷史上著名的「擲出窗外事件」。

林立，皇帝也只能透過政治婚姻才能把幾個諸侯團結在自己身邊。

當時把持帝位的是奧地利的哈布斯堡家族，這個古老的家族一直對帝國600多年前的輝煌嚮往有加，希望建立一個包括奧地利、德意志和義大利在內的龐大帝國，重新確立帝國在歐洲的霸主地位。可德意志的諸侯過慣了當家做主的日子，對中央皇權一直抱著敵視的態度，特別是幾個信奉新教的選侯更不願意對信奉天主教的哈布斯堡家族低頭。此外，法國、英國、瑞典等歐洲國家也不願意歐洲再回到「一個教皇、一個皇帝」的時代，都暗地裡同哈布斯堡家族作對。慢慢地，整個歐洲形成了兩個涇渭分明的對立集團：奧地利、西班牙和德意志天主教聯盟組成了哈布斯堡王朝集團，他們得到了羅馬教皇和波蘭的支持；法國、丹麥、瑞典、荷蘭和德意志新教聯盟組成了反哈布斯堡王朝集團，他們獲得了英國、俄國等國家的支持。哈布斯堡集團中的人大多信奉天主教，而反哈布斯堡集團中的人大多信奉新教，所以雙方也都扯起了宗教的大旗，而捷克爆發的人民起義則點燃了這場歐洲大戰的導火線。

v 祈禱中的「神聖羅馬帝國」皇帝斐迪南。這位野心很大、才能不高的皇帝沒能實現他一統德意志的夙願，反而讓德意志陷入了無盡的戰火之中。

拉開帷幕

早在1526年，「神聖羅馬帝國」就將波希米亞納入自己的版圖，由帝國皇帝兼任捷克國王，而捷克人也享有宗教自決、政治自治等權利。可到了皇帝馬提亞斯當政的時候，他任命出身哈布斯堡家族的斐迪南為捷克國王。斐迪南是一個狂熱的天主教徒，走馬上任後，他便將捷克的新教教堂統統焚毀，這種高壓措施立刻激起了捷克人民強烈的反抗。1618年5月23日，一群情緒激動的武裝群眾手拿大刀、長矛，毫無顧忌地衝進了布拉格的拉德卡尼王宮。群眾沒有搜到斐迪南，但抓到了兩個最受他寵信的大臣。怒火中燒的群眾把兩個「狗腿子」從20公尺高的窗子扔了下去，兩人正好摔到了垃圾堆上，保住了性命。這場震動歐洲的「擲出窗外事件」，讓捷克人民出了一口惡氣，卻讓哈布斯堡家族顏面大損。

斐迪南狼狽地逃回德意志後，還沒來得及帶兵去挽回面子，就得到了一個天大的好消息，皇帝馬提亞斯去世了。在三個天主教選侯的支持下，王冠落在了斐迪南的頭上。可還沒等斐迪南把皇位坐熱，捷克人民組織的起義軍隊已經逼近了維也納，獨立之火已經燒到了哈布斯堡家族的眉毛上。心急如焚的斐迪南用選侯的頭銜為誘餌，說服了天主教聯盟中最有實力的巴伐利亞公爵馬克西米利安和薩克森選侯約翰·喬治，請他們出兵相助。與此同時，西班牙國王腓力三世也給了斐迪南大力的經濟支持，形勢開始對捷克人民不利。1620年11月8日，天主教同盟的2萬大軍和捷克起義軍在布拉格附

v 油畫《白山戰役》

1620年11月8日，支持皇帝斐迪南二世的德意志天主教聯盟軍隊在布拉格附近的白山與捷克起義軍進行了一場遭遇戰，因為戰鬥力相差懸殊，起義軍很快戰敗，被殺和被俘的人數超過4000人，而天主教聯盟的軍隊只損失了700人。

^ 華倫斯坦肖像

現藏於荷蘭國家博物館。華倫斯坦既是一位能力卓越的軍事家，又是一位野心勃勃的政治家，他一直希望掌握強大的軍事力量，削平諸侯勢力，建立一個統一的、中央集權的德意志國家。因此他成了諸侯們的眼中釘，諸侯們威脅斐迪南如果不解除華倫斯坦的職務，就不選舉斐迪南的兒子為皇帝，這才導致了華倫斯坦在1630年的辭職。

近展開激戰。雖然起義軍占據了有利地勢，但由於士兵缺乏訓練，很快就被天主教同盟軍隊擊潰。幾天後，大軍開進了布拉格，捷克人民遭到了血腥的鎮壓。

成功地扼殺捷克起義後，斐迪南皇帝的信心大增，他當時天天喊著的口號就是「我寧可統治一片沙漠，也不能讓我的土地上存在異端」。斐迪南皇帝開始把勢力向德意志西部和北部擴張，而這些地區原本都是新教諸侯的地盤。看到斐迪南野心居然如此之大，英國、法國、荷蘭有些坐不住了，他們全力支持盟友丹麥出兵，準備用一場代理人戰爭來阻止斐迪南一統德意志。至此，這場因為捷克人民起義而引發的戰爭正式轉變為一場國際戰爭。

梟雄出手

1625年2月，丹麥以援助德意志新教聯盟為旗號，正式出兵德意志。和丹麥的5萬大軍相比，斐迪南依靠的天主教聯盟的軍力實在不堪一擊，而斐迪南自己又沒有一支強大的常備軍，誰能力挽這場戰爭的狂瀾呢？就在這個時候，一個謎一樣的人物出現了，他就是德意志歷史上著名的軍事家、三十年戰爭中兩大絕世天才之一的華倫斯坦。

如果用一句話來形容華倫斯坦，那就是「治世之能臣，亂世之奸雄」。這位老兄是捷克人，卻為哈布斯堡王朝南征北討，打了將近10年的惡仗；他曾經信仰新教，卻為了天主教聯盟的利益痛擊丹麥、瑞典等新教國家；他看重權力和利益更甚於信仰和祖國，他唯一的堅持就是用軍隊來統一德意志，而他自己就是統一戰爭中的戰神。1625年的春天，華倫斯坦挽救了斐迪南陛下。他提出了這樣一個建議：他自組一支5萬人的大軍為皇帝作戰，而所有軍官的任免權也交給他本人。病急亂投醫的皇帝很快就答應了華倫斯坦的建議，還給了他弗里德蘭公爵的頭銜。

憑藉自己在雇傭兵圈子裡的聲望，華倫斯坦很快就召集起了一支4萬人的軍隊，在不到一年的時間裡掃平了德意志所有的新教諸侯。華倫斯坦信奉「以戰養戰」的策略，他每攻陷一地便放縱手下大肆搶劫，這種搶光的政策也為他的軍隊贏得了一個外號——華倫斯坦蝗群。雖然華倫斯坦的部隊缺乏紀律，但他能讓士兵們享受優厚的待遇，軍官們只要有能力就能得到提升，所以他的軍隊戰鬥力遠在其他國家之上。1627年，華倫斯坦的大軍徹底擊敗了丹麥人，日德蘭半島成了他的掌中之物，丹麥國王也狼狽地出逃海外。這時的華倫斯坦手下有十幾萬大軍，他做事越來越驕橫跋扈，他的士兵在其他諸侯的領地裡胡作非為，他的軍官言必稱公爵如何如何，這讓一直都瞧不起他的豪門望族暴跳如雷，更讓對他猜疑不止的皇帝惡向膽邊生。不知道是不是覺察到了環境的險惡，1630年8月，華倫斯坦向斐迪南遞交了辭呈，皇帝陛下也順水推舟地批准了他的辭呈。儘管與此同時，瑞典已經向哈布斯堡王朝開戰了。

雙雄會

其實早在丹麥之前，英國和法國最早聯繫的就是瑞典。可瑞典國王古斯塔夫開價過高，把英國人和法國人嚇跑了。現在丹麥被華倫斯坦打敗，瑞典人終於決定出戰了。哈布斯堡王朝等到了一個恐怖的對手、三十年戰爭中的另一位絕世天才——古斯塔夫。

和華倫斯坦相比，古斯塔夫更像一個純粹的軍人。這位精通8國語言、熱愛體育運動的年輕國王趕上了瑞典國力的上升期，他的軍事才能得到了完美的展現。他在軍隊中建立了軍需官制度，讓自己的士兵可以穿著毛皮大衣抵禦嚴寒；他嚴明軍紀，禁止士兵們酗酒和賭博，他的士兵也很少進行搶劫；他將火炮劃分為6磅、12磅和24磅三大類型，還組建了歷史上第一個炮兵團（這件事的意義絲毫不亞於航空兵的獨立）。古斯塔夫在步炮協同作戰方面為後人打開了一扇大門，用拿破崙的話來說，「他完全可以和亞歷山大、漢尼拔、凱撒這樣的人物相提並論」。不過，這位戰爭天才也不是沒有弱點，生性勇猛的他太喜歡衝鋒陷陣，每次戰鬥都帶頭衝鋒，絲毫沒有指揮員不冒險的覺悟。可他這種精神也深深鼓舞了他的士兵，忠誠和勇敢成了當時瑞典士兵的標誌。

1630年7月6日，古斯塔夫統率著1.3萬人的軍隊在奧得河口登陸。9月17日，瑞典軍隊和忠於哈布斯堡王朝的軍隊在萊比錫附近展開了決戰。憑藉火炮的優勢和古斯塔夫良好的指揮，瑞典人贏得了一邊倒的勝利。帝國軍隊陣亡7000人，丟失了所有大炮和90面軍旗，而瑞典人的傷亡還不到1000人。在此後的三個月裡，瑞典人橫掃了萊茵河地區，巨大的勝利讓古斯塔夫的盟友——法國都感到震驚。

v 瑞典國王古斯塔夫被軍事學家稱為「歐洲現代軍事之父」，他首創了給部隊配發統一軍裝的制度。而在他之前，歐洲的軍隊是沒有統一軍裝的，可以說他是「軍服之父」。

為了擋住古斯塔夫前進的步伐，皇帝只好做出了最無奈的選擇——請華倫斯坦再度出山。一肚子怨氣的華倫斯坦也毫不客氣，提出了一系列的苛刻條件：他本人對軍隊擁有絕對的控制權，未經他的同意，皇帝不得下達任何命令等。在這些條件全

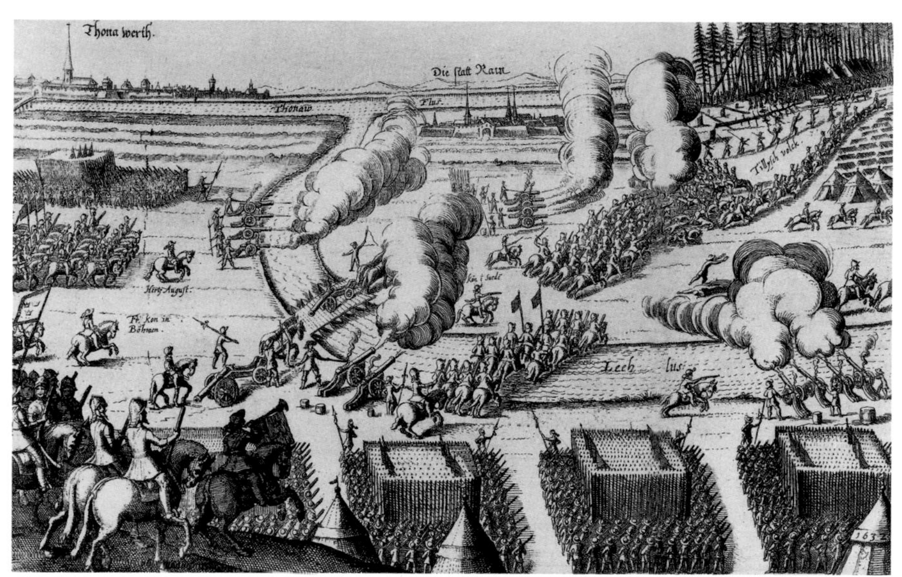

^呂岑會戰中，瑞典炮兵再次大顯身手，他們以3倍於對方的速度發射炮彈。雙方的步兵和騎兵都排列成整齊的隊伍，向對方發起衝擊。

部被接受後，華倫斯坦終於答應出戰了。老謀深算的華倫斯坦知道己方軍隊在數量上的優勢抵不過瑞典人在品質上的優勢，他並沒有立刻與古斯塔夫進行決戰，而是玩起了「先剪其羽翼，再搗其腹心」的戰略。華倫斯坦先攻擊那些和古斯塔夫結盟的德意志新教諸侯，然後用積極防禦作戰一點點消耗瑞典軍隊的實力。就這樣，戰爭的天平又在華倫斯坦天才地運作下回歸平衡，古斯塔夫也逐漸明白了只有打垮華倫斯坦這塊「牛皮糖」，自己才能站穩腳跟。1632年11月16日，兩位戰爭天才在萊比錫附近一個名叫呂岑的平原上展開了最後的決戰，當時兩人並不知道，這是他們人生中最後也是最輝煌的一戰。

當時，華倫斯坦有2萬到2.5萬名士兵，60門左右的火炮；古斯塔夫的部隊人數在1.2萬人到1.8萬

^《西發里亞和約》簽署現場

現藏於阿姆斯特丹國家博物館。《西發里亞和約》一方面確定了歐洲大陸各國的基本國界，結束了自中世紀以來由「一個教皇、一個皇帝」統治歐洲的局面，開始了歐洲近代國際關係；另一方面最終確立了德意志王國內部的政治制度。

人之間。謹慎的華倫斯坦採取了守勢，將部隊分為左、中、右三個部分；而古斯塔夫將部隊分為左、右兩個部分，進行攻勢作戰。戰鬥開始後不久，天降大霧，五六公尺之內都難以看清對面的情況。古斯塔夫率領騎兵衝破了華倫斯坦的左翼，當他率領一個騎兵團去突擊敵人右翼的時候，不慎和大隊失散了，更倒楣的是他和3名衛士居然闖入了華倫斯坦緊急增援上來的騎兵大隊之中。一場遭遇戰後，古斯塔夫和他的衛士當場戰死，只有他的戰馬跑回了己方的軍營。得知統帥陣亡後，瑞典人並沒有四散逃走，他們發動了瘋狂的進攻來為統帥復仇。最終，華倫斯坦率軍退走，而瑞典人在搶回國王古斯塔夫的屍體以後也停止了追擊，這場慘烈的戰鬥最終沒有明確的輸贏。一年半之後，華倫斯坦也被皇帝和諸侯派出的刺客暗殺。兩位歐洲歷史上少有的軍事天才，一個有著宏偉的政治夢想，最終死於政治謀殺；一個以戰爭為自己的事業，最後在勝利的前夕死於戰場之上。

最後的結局

丹麥、瑞典的接連失敗，使一直搞「幕後工作」的法國不得不親自登臺。1635年5月，在荷蘭、匈牙利等國的支持下，法國對西班牙宣戰，整個歐洲徹底變成了一個大戰場。當然受罪的還是德意志人，因為無論誰開戰，都把戰場設在了德意志。1643年5月，法國取得了對西班牙人的決定性勝利。1645年，法國和瑞典軍隊又取得了另外幾次作戰的勝利，皇帝和天主教諸侯已經筋疲力盡，只得向對手求和。1648年10月，參戰各方簽訂《西發里亞和約》，戰爭終於結束。

三十年戰爭是歐洲歷史上第一次大規模的國際戰爭，反哈布斯堡集團取得了決定性的勝利。根據《西發里亞和約》，歐洲的版圖被重新劃分，戰勝者的利益也得到了最大化。法國得到了亞爾薩斯、洛林、凡爾登、梅斯等地區，成為歐洲新的霸主；瑞典得到了波美拉尼亞、不來梅等地，鞏固了自己在波羅的海的強勢地位；葡萄牙也脫離了西班牙而成功獨立；荷蘭和瑞士的獨立得到了整個歐洲的承認。和戰勝者相比，西班牙和德意志算得上倒楣透頂，西班牙徹底滑向了衰落的深淵；而德意志得到的只是遍地屍骸和滿目瘡痍。按照民間的統計，這場戰爭中有800萬德意志人死於非命，一些地區超過80%的房屋在戰火中付之一炬，德意志的經濟近乎崩潰，政治分裂的局面也越發嚴重。

除了政治格局之外，這場戰爭還讓歐洲的軍事理論和軍事制度有了飛速的發展。確立了軍需制度，徵兵制度取代了雇傭兵制度，火槍兵逐漸取代了長矛手，炮兵開始作為一支獨立而重要的力量出現在野戰中……這場戰爭開啟了近代戰爭的新紀元。

第二章

普魯士的統一：鐵與血打造的帝國

17世紀，普魯士公國的強勢崛起讓德意志人民結束分裂、實現統一的政治訴求成為可能。在1864年到1871的7年間，普魯士透過普丹、普奧、普法三場戰爭，建立了德意志第二帝國。然而「國雖大，忘戰必危，好戰必亡」，窮兵黷武的威廉二世把德國引入了第一次世界大戰的戰場，霍亨索倫王朝的統治最終在戰火中崩潰。

VISIBLE HISTORY OF THE WORLD

關鍵詞：條頓騎士團

普魯士的建立與崛起

▪ 1701年

在德意志諸侯中，歷史最悠久的是奧地利，可發展最迅速的是普魯士。你知道嗎？這個對德國統一做出了莫大貢獻的國家居然在18世紀才正式建立。

家族發跡

要講述普魯士王國的歷史，就得從10世紀德意志四分五裂的時候說起。當時，在今天的瑞士有一個叫做霍亨索倫的貴族家族，這個家族勢力不大，沒有大片的世襲領地，也沒有很高的爵位。到了15世紀的時候，霍亨索倫家族時來運轉，家族中出了一位名叫腓特烈的將軍，此人能征善戰，在戰場上救了「神聖羅馬帝國」的皇帝，皇帝把整個布蘭登堡賞賜給了霍亨索倫家族。布蘭登堡可不是一座城堡，它是一大塊領地，境內湖泊眾多，土地肥沃，更重要的是，按照查理四世《金璽詔書》的約定，布蘭登堡侯爵是帝國的七大選侯之一。霍亨索倫家族

^19世紀時普魯士軍官的頭盔

^ 布蘭登堡門

布蘭登堡門位於德國首都柏林市中心，因其通往布蘭登堡而得名。它由普魯士國王腓特烈・威廉二世下令於1788～1791年間建成，現在已經成為柏林的象徵。

的政治地位一下子就提高了，由小地方的小貴族一躍成為德意志的新貴。

接著我們再來講講普魯士。在中世紀的時候，普魯士是歐洲三大騎士團之一的條頓騎士團的地盤。15世紀的時候，條頓騎士團被波蘭和立陶宛的聯軍擊敗，普魯士被一分為二，西普魯士併入了波蘭，東普魯士還由騎士團管理。1525年，騎士團的團長阿爾伯特解散了騎士團，成立了普魯士公國，團長大人也成了世襲的普魯士公爵。1618年，普魯士公爵去世，由於沒有直系的繼承人，貴族們就推舉公爵的大女婿擔任新的公爵。公爵的大女婿是誰呢？就是霍亨索倫家族的當家人、現任的布蘭登堡選侯。就這樣，布蘭登堡和東普魯士成了一個主人統治下的兩塊土地。不過，這兩塊領地並沒有連接在一起，中間還隔著由波蘭統治的西普魯士。1655年，瑞典和波蘭之間爆發了第一次「北方戰爭」。當時的布蘭登堡選侯和瑞典結盟，對波蘭宣戰。那時的瑞典軍隊還是古斯塔夫打造出來的鐵軍，他們

^ 普魯士騎兵制服

很快就擊敗了波蘭。作為勝利者的盟友，布蘭登堡選帝侯擁有了西普魯士的完全主權，不用再向波蘭國王稱臣納貢。

稱王與崛起

1701年，圍繞著西班牙王位的繼承問題，神聖羅馬帝國、英國、荷蘭結成同盟和法國爆發了一場戰爭。神聖羅馬帝國的皇帝向布蘭登堡選侯借兵。布蘭登堡選侯提出了兩個條件，第一，皇帝必須一次性支付1300萬塔勒的「租金」；第二，皇帝應該給一個國王的封號。急等兵馬出征的皇帝立刻答應了選侯的要求，交了「租金」，也給了他「普魯士國王」的頭銜。同年，國王的加冕典禮在柯尼斯堡隆重舉行，腓特烈・威廉成為普魯士第一任國王，改稱「腓特烈一世」，一個強大的普魯士王國也正式建立。

1713年，普魯士的第二任國王弗里德里希・威廉繼位，史稱「威廉一世」。這位國王把80%的財政收入都花在了他的軍隊上，普魯士的陸軍幾乎在瞬間就膨脹成了擁有8.5萬人的龐大力量。後世的史學家談到威廉一世的時候都認為，這位國王一手打造出了「普魯士精神」，服從命令、刻板嚴謹的普魯士性格也在日後成為德國人的性格。據說威廉一世在臨終的時候，神父按照慣例對他佈道說「人是赤條條地來，也得赤條條地走」，國王居然從病榻上掙扎起來喘息著說：「我怎麼能赤條條地走呢？趕快把我的軍裝找出來。」

1740年，威廉一世去世，他的身後留下一個強大的國家。軍隊強悍，國庫充盈，此時的普魯士已經是歐洲大陸上不可輕視的強國了。

VISIBLE HISTORY OF THE WORLD

關鍵詞：歐洲近代音樂之父

「音樂之父」巴哈

■ 1685年～1750年

他生前無人問津，死後家喻戶曉；他一生曲折坎坷，為世人留下了寶貴財富。他就是西歐近代音樂的開山鼻祖——巴哈。他的許多作品在今天仍然是著名音樂學院的必修曲目，後世的史學家甚至稱他為「歐洲近代音樂之父」。

不幸的童年

1685年3月21日，伴隨著一聲響亮的啼哭聲，一個名叫約翰・塞巴斯蒂安・巴哈的男嬰出生在德國中部的艾森納赫。雖然這只是座人口過千的小城鎮，但文化氛圍很濃，據說該市古代的城門上還刻有「音樂常在我們的市鎮中照耀」的字跡。巴哈家族是當地的音樂世家，巴哈的祖父輩中有兩位是著名的作曲家，他的父親是一名傑出的小提琴手，他的幾位叔叔也

∧巴哈全面地繼承了歐洲幾百年的音樂傳統，把歐洲音樂藝術推向了高峰。

^ 巴哈的一家

在西方的音樂百科全書中，「巴哈」這個條目代表著數十位音樂家，這是因為巴哈家族實在是一個極具音樂天賦的大家族。這個家族在16世紀到19世紀的300多年中，一共出現了50多位音樂家。

是當地頗有名望的音樂家。對於極具音樂天賦的巴哈來說，良好的家庭環境和音樂傳統真是上天賜予的寶貴財富。然而，天有不測風雲，在巴哈9歲的時候，他的母親就因病逝世了。一年以後，巴哈的父親也因為悲傷過度而告別了人世，幼小的巴哈只得靠哥哥來撫養。

小小年紀就成為孤兒，也許只有音樂才能撫慰巴哈心靈上的創傷。可巴哈的哥哥卻禁止巴哈踏入音樂的世界半步，還將家族中收集的珍貴樂譜全部鎖起來，不讓巴哈翻閱。小巴哈只好在夜晚偷偷取出曲譜，然後悄悄地抄寫下來。這樣持續了半年之久，噩運再次降臨到巴哈的頭上。一次偶然的機會，巴哈的哥哥發現了巴哈的行為，暴跳如雷的他將巴哈辛苦抄寫的手稿全部撕毀。哥哥蠻橫的舉動深深地刺痛了巴哈幼小的心靈。也許這個殘缺的家根本就不是自己停留的港灣，15歲的巴哈離開了這個令他傷心的地方，走上了獨立生活的道路。他憑藉著自己美妙的歌喉和出色的小提琴、管風琴及古鋼琴的演奏技藝，在呂訥堡米夏埃爾斯教堂的唱詩班中任職，同時還進入神學院學習。童年的遭遇使巴哈具有極強的生活自理能力，雖然經濟拮据，但是他發奮圖強，靠獎學金進入了呂訥堡的聖米歇爾學校。在校學習期間，他如同一隻勤勞的蜜蜂，四處尋找並貪婪地吸取營養，學校的日子就這樣在忙碌之中度過了。1702年，巴哈從學校順利畢業，第二年就在一家室內樂隊擔任小提琴演奏樂師。在之後的20年中，巴哈多次更換工作，他做過教師、作曲家、樂隊指揮等工作，但他最純熟的音樂技能還是曼妙的風琴演奏。1723年，38歲的巴哈開始在萊比錫的聖多馬教堂擔任歌詠班領唱，這份職業一直伴隨了他27年，直到他離開人世。

生活寫照

18世紀的德國貴族們雖然喜愛音樂，也建立了許多宮廷樂隊，但音樂藝人卻不被世人重視，他們被當作勤雜工、看門人、廚師等僕役一樣看待。巴哈雖然是這一時代少有的音樂天才，也難以擺脫這種命運。他並沒有像以後的莫札特和貝多芬那樣，在世的時候就享有盛名，而是始終在為填飽一家老小的肚子而努力工作（巴哈是位「高產」的父親，他一生共有20個子女，其中11個早年夭折），並始終未能遇到懂得欣賞他的音樂的「伯樂」。據說他最後的雇主——萊比錫教會原本希望能夠找到一位「一流音樂家」，只是實在找不到合適的人選，才退而求其次地選擇了巴哈。

德國的劇作家、政論家萊辛曾經說過：「天才如果不是誕生在極端貧困的階層中，就是降臨到生活十分艱辛的階層裡。」此話用在巴哈的身上真是恰如其分，坎坷、挫折、打擊……這些灰色調的詞語纏繞了巴哈的一生。他10歲時就已經父母雙亡，35歲時，摯愛的妻子也撒手人寰；60歲

^2005年，德國柏林展出了巴哈作曲的手稿。

時連續失去了6個子女……不過讓世人感嘆的是，巴哈9個成年的子女中，有4人成為鼎鼎有名的音樂家。巴哈家族的榮光繼續傳遞，音樂彷彿成了這個家族最耀眼的勳章。

晚年的巴哈為醫治眼睛曾做過兩次手術，結果不僅未能重見光明，反而摧垮了身體，他於1750年7月28日離開了人世。巴哈在世時創作的作品鮮為人知，他既沒有顯赫的地位，又沒有贏得社會的認可。直到他去世後，莫札特和貝多芬發現了巴哈音樂作品的寶貴價值，至此，巴哈那完美、深刻的音樂才為世人所知。當貝多芬首次看到巴哈的作品時，就情不自禁地感嘆道：「他不是小溪（巴哈名字的德文Bach，是小溪的意思），是大海！」再晚一些的蕭邦、李斯特等人都將巴哈的作品奉為經典，巴哈的價值這才真正地體現出來。

VISIBLE HISTORY OF THE WORLD

關鍵詞：七年戰爭

腓特烈大帝

▪ 1712年～1786年

讓時間回到1806年的一天，在柏林郊外的某處墓地，拿破崙和他精悍的軍官們靜靜地佇立著。幾周前，法國人剛剛在耶拿橫掃了普魯士的10萬大軍。如今面對這樣一座墓碑，精悍的法國軍官們保持著軍人特有的嚴肅、安靜。拿破崙靜靜地注視了墓碑一會兒，然後舉起馬鞭指向墓碑，對部下說：「如果這個人還活著，我們就不可能站在這裡了。」墓中沉睡的人是誰呢？竟能讓橫掃歐洲的拿破崙為之歎息。他就是德意志人不朽的神話——腓特烈大帝。

少年輕狂

1712年，腓特烈出生在柏林的波茨坦王宮，他的父親就是前面提到過的普魯士第二任國王威廉一世，他的母親索菲婭王后是英國國王喬治二世的同胞姐姐。腓特烈的出生讓一向只對大炮和步槍感興趣的國王欣喜若狂，老國王甚至暫時離開了軍營，把精力轉移到培養接

∧腓特烈11歲時的宮廷畫像

班人上來。不過，威廉一世的教育方式帶有強烈的個人特點，他要求宮廷教師只能教授德意志歷史、數學、軍事學、政治經濟學，學習的語言也只能是法語和德語。老師如果私下向腓特烈傳授拉丁語，或者是音樂、美術這種「削弱男子漢鬥志」（威廉一世語）的東西，國王會將老師當場痛打一頓。

可憐的小腓特烈從6歲開始就得嚴格按照父親制訂的作息時間生活，他沒有玩伴，只有無休止的課程；他沒有漂亮的禮服，只有幾套特製的普魯士陸軍軍服；他不知道柏林哪裡的瘦肉香腸最好吃，卻能清楚地背出伯羅奔尼撒戰爭中斯巴達人的兵力部署。這種高壓教育讓腓特烈產生了強烈的逆反情緒，他私下裡購買了大量的文學和哲學書籍，還學會了吹奏長笛。每當父親要對「玩物喪志」的他大刑伺候的時候，腓特烈就跑到母親那裡尋求庇護。一來二去，國王和王后的關係也日益緊張。1730年，18歲的腓特烈策劃了一次名垂史冊的出逃——他為了逃避父親

˅ 第一次西利西亞戰爭結束後，腓特烈二世凱旋。

指定的婚姻而打算逃往英國，投奔舅舅喬治二世。可腓特烈哪裡是父親的對手，他和幾個朋友剛逃到國境線上就被禁衛軍抓了回來。怒火中燒的威廉一世下令處決了兒子的「狐朋狗友」，然後把兒子關進了大牢。18個月之後，腓特烈向父親表達了懺悔之情，並表示願意接受父親安排的婚姻。有了臺階可下的威廉一世也把兒子放了出來，開始讓他在普魯士王國內四處巡視，接觸政務。

1740年，威廉一世突發心臟病去世，腓特烈繼承了王位，成為普魯士的第三任國王，史稱「腓特烈二世」。當時普魯士的人口只有250萬，卻維持著一支擁有8萬人的常備軍，而人口兩千萬的法國，擁有的陸軍總數也不過16萬。在威廉一世時代，普魯士士兵始終在軍營中操練，沒有一場大規模的戰爭讓他們一展身手。而到了腓特烈二世時代，普魯士陸軍終於得到了證明自己的機會。

^1745年12月15日，普魯士與奧地利在薩克森首府德勒斯登城下簽訂停戰協定，奧地利再次承認普魯士擁有西利西亞，第二次西利西亞戰爭結束。

西利西亞爭奪戰

就在威廉一世去世後不久，「神聖羅馬帝國」

皇帝、哈布斯堡家族的當家人查理六世也駕崩了。皇帝的大女兒特蕾莎的丈夫有權繼承法蘭茲・史蒂芬帝位，但腓特烈並不承認他的繼承權，於是聯合了法國、薩克森和巴伐利亞，發動了對奧地利的戰爭，目的是趁著奧地利政局不穩，一口吞下奧地利的西利西亞地區。西利西亞在當時算得上是一塊財富之地，這裡土地肥沃，且紡織業發達，每年的稅收足夠養活一支精銳的軍隊，是一劑增強普魯士國力的大補藥。1740年底，腓特烈二世帶著父親留下的精兵悍將突襲了西利西亞，不但擊潰了當地守軍，還在莫爾維茨會戰中重創了奧地利的援軍。初上戰場的腓特烈遠沒有後來的他英明神武，他被鮮血、殘肢和死亡折磨得有些神經衰弱，居然把指揮

v18世紀的普魯士軍隊，士兵違規將受到各種嚴厲的懲罰。因為腓特烈認為讓士兵畏懼教官的棍棒勝於畏懼敵人的子彈和刺刀，只有這樣鐵的紀律才能凝聚成強大的戰鬥力。

權交給了部下，自己卻到後方休息。不過，憑藉威廉一世訓練出來的精銳步兵，普魯士人還是取得了勝利，無奈的特蕾莎只好和腓特烈簽訂了《柏林和約》，將西利西亞割讓給了普魯士，第一次西利西亞戰爭結束。

然而和平並沒有持續太久，奧地利靠英國的援助逐漸恢復了元氣，特蕾莎還和薩克森結成攻守同盟。感覺到危險的腓特烈覺得不能等別人的刺刀舉起來自己再還擊，他決定先發制人，這種軍事思想也貫穿了他的軍事生涯。1744年，普魯士大軍侵入捷克，很快就攻占了布拉格。第二年6月，腓特烈指揮普軍佯裝撤退，等奧地利人大搖大擺地開始追擊時，腓特烈又帶領普軍殺了一個「回馬槍」，以900人陣亡的代價消滅了1.3萬奧軍，取得了輝煌的勝利。奧軍指揮官也效法腓特烈二世，在9月29日對普軍發動了一次夜間突襲，可普軍的訓練和素質遠在奧軍之上，他們把腓特烈二世發明的斜線戰術發揮得淋漓盡致，最終在不利的局勢下再次擊敗了奧軍。戰場上打不過天資橫溢的腓特烈，奧地利只好又和腓特烈簽訂了《德勒斯登和約》。普魯士以弱勝強，擊敗了奧地利，這不僅讓歐洲各國大跌眼鏡，還讓腓特烈成為普魯士人

^18世紀的普魯士胸甲騎兵玩偶

到18世紀末期，曾經身著重甲的胸甲騎兵身上的裝甲已經僅限於一頂頭盔，在近代燧發槍面前，胸甲已經很難為騎兵提供有效的防護作用。除了增強衝鋒時的動能外，胸甲在這一時期所能發揮的作用已經主要是心理上的。

心中的「不敗戰神」。腓特烈凱旋的時候，柏林的市民們喊出的已經不是「國王萬歲」，而是有些逾越的「大帝萬歲」，可見當時普魯士人的民族情緒何等高漲。

開明專制

西利西亞戰爭的勝利給普魯士帶來了十幾年的和平，腓特烈從容地進行了大規模的國內建設。腓特烈做的第一件事就是在普魯士實行義務教育，不但貴族子女要進學校學習，平民的孩子也能在國家財政撥款的幫助下進入校園。緊接著，腓特烈又成立了柏林皇家科學院，還設立了巨額的獎金，鼓勵普魯士人探索科學的世界。腓特烈還給了普魯士人出版和言論的自由，他甚至不顧忌自己的形象，允許書店展出以自己為對象的漫畫。按照腓特烈的原話，「我和我的人民達成了協定，我幹我想幹的事，而人民則說他們想說的話」。腓特烈的所作所為深深地影響了德意志人的思維方式，那種重視教育、重視科學的態度一直延續到今天。在封建氣息殘存的18世紀中期，腓特烈的所作所為如同一盞黑夜中的明燈，吸引著各國的人文主義者。法國的大思想家伏爾泰就曾稱讚腓特烈說：「你就是我心中的國王。」1752年，被波旁王朝驅逐的伏爾泰來到柏林，受到了腓特烈熱情的接待，兩個人一度建立了深厚的友誼。

儘管周圍彌漫著和平的氣息，腓特烈卻一點兒也沒有放鬆軍隊的建設。不過這位國王沒對老百姓橫徵暴斂，而是把自己私人收入的80%花費在了軍隊的建設上。普魯士炮兵有了更多輕便的火炮，普魯士騎兵也有了更多的純種戰馬。作為備受後人推崇的軍事天才，腓特烈在這段時間裡還發明了一種被後人奉為經典的近代戰爭模式——首先是大炮狂轟，其次是騎兵快速突擊，最後步兵鞏固陣地。這種步、炮、騎兵協同作戰的打法成為近代戰爭的經典模式，到了拿破崙時代更是被法國人發揚光大。

七年戰爭

就在腓特烈忙於國內建設的時候，一個削弱普魯士的計畫正在形成中。奧地利女皇特蕾莎對西利西亞念念不忘，甚至喊出了「為了奧地利的強大，我不惜賣掉最後一條裙子」的口號，而法國的波旁王朝則對普魯士的日益強大憂心不已，俄國沙皇伊莉莎白想吞掉東普魯士，三大強國一拍即合，決定聯手征討普魯士。普魯士就此陷入南、西、東三面受敵的被動局面，可腓特烈沒有絲毫的畏懼。他先是和法國的死敵英國簽訂了同盟條約，然後先下手為

v 油畫《腓特烈大帝在洛伊滕戰役勝利之後》

洛伊滕戰役中，腓特烈大帝以少勝多，打出了一場歐洲近代戰爭史上絕無僅有的漂亮仗（《西洋世界軍事史》作者J.C.富勒語）。拿破崙也認為，洛伊滕會戰中腓特烈大帝將運動、機動和決斷三方面都做得非常完美。

強，對奧地利人的跟班——薩克森發動了進攻，「七年戰爭」正式爆發。

1757年4月，腓特烈率領普軍在洛伊滕會戰中重創了6萬奧軍。不久，法國和俄國都行動起來，8萬俄軍進逼東普魯士，10萬法軍攻占了漢諾威，形勢對腓特烈極為不利。1759年，腓特烈率領2萬普軍與7萬俄軍在庫勒斯道夫地區展開激戰。腓特烈沒能再次以少勝多，他的軍隊遭遇了慘敗，腓特烈甚至單騎衝向了俄軍陣營，並歇斯底里地喊著：「為什麼沒有一顆子彈擊中我？」最終被親信將領拉拽著離開了戰場。1760年，普魯士更是陷入了四面楚歌的境地，國力幾乎消耗殆盡，軍隊從巔峰時期的20萬人銳減到11萬，首都柏林岌岌可危。就在這危難的時刻，幾乎絕望的腓特烈得到了一次喘息的機會。1762年1月，俄國沙皇伊莉莎白去世，接任皇位的彼得三世是腓特烈的狂熱崇拜者，這位一國之主平生最大的志向就是在腓特烈手下當個軍官，現在腓特烈有難，他怎能袖手旁觀？隨著彼得三世一聲令下，俄軍不但立刻在東線停戰，還協助腓特烈一起保衛普魯士。這突然出現的變故讓法國人和奧地利人目瞪口呆，他們一邊痛罵著彼得三世「賣友追星」，一邊捏著鼻子簽訂了《胡貝圖斯堡和約》，普魯士最終保住了西利西亞。由於腓特烈牽制住了法國，英國趁火打劫，將加拿大和印度的控制權掌握在了自己手中。可以說腓特烈在歐洲的舉動直接影響了世界格局。

七年戰爭結束後，普魯士已經滿目瘡痍，經濟衰退，國庫空虛。腓特烈讓大批的軍人復員，以改善社會勞動力不足的情況。他減免農民的稅收，責令貴族們捐獻財產以彌補國庫的空虛，還建立了專門向農民貸款的銀行，成立養老院以贍養那些失去子女的老人。短短幾年之後，普魯士的經濟得到了復甦，人口也從戰後的300多萬恢復到了450多萬。此後，腓特烈夥同俄國瓜分了波蘭，還支援過美國的獨立戰爭，普魯士也成為歐洲一流的強國。1786年，74歲的腓特烈因病去世，他傳奇的一生終於謝幕，但他的功績則永遠地留在了普魯士人的記憶裡。

VISIBLE HISTORY OF THE WORLD
關鍵詞：《浮士德》

世界文豪歌德

■ 1749年～1832年

歌德是德意志著名的文學巨匠，恩格斯稱他為「最偉大的德國人」，他被認為是文學領域裡「奧林匹斯山上的宙斯」。歌德的兩部著作──《少年維特的煩惱》和《浮士德》，都成了歐洲文學史上的絕唱。德國文學史上的狂飆突進運動在他的筆下迸發出了最強音。

求學時代

1749年8月28日中午，在美茵河畔的法蘭克福市，當教堂的鐘聲敲響12下的時候，伴隨著一聲響亮的啼哭聲，一個嬰兒呱呱墜地，他就是後來舉世聞名的德意志大文豪約翰・沃夫岡・馮・歌德。鐘聲似乎在為這位巨人的降生而高歌。不可思議的是，83年後的1832年3月22日，當歌德

^作為18世紀中葉到19世紀初德國和歐洲最偉大的作家，歌德經歷了歐洲社會大變革的時代，正是在時代浪潮的衝擊下，他創作出了這個時代最優秀的作品。

^歌德在畫家朋友菲利普·哈克特的陪同下參觀羅馬鬥獸場

1786年6月，歌德前往義大利，專心研究自然科學，也從事繪畫和文學創作，《浮士德》的部分章節構思就是在義大利完成的。

在威瑪去世的時候，教堂的鐘聲同樣敲響了12下，這一切的巧合似乎都宣示著這位大文學家的與眾不同。

歌德走上文學的道路並不是偶然的，他的家族就是文化世家，他的父親是一位德高望重的皇家顧問，曾經獲得過法學博士學位，他的母親是法蘭克福市長的千金。同樣的門第，同樣的愛好，讓這對伉儷恩愛有加。不知道是不是遺傳了父母優秀的基因，歌德在童年時就展現出了過人的聰穎，8歲的他能將拉丁文練習題翻譯成德文，並且已經開始學習法語、英語、義大利語和希伯來語，語言天賦表露無遺。和所有望子成龍的父親一樣，歌德的父親也在為兒子規劃未來，他不願意讓兒子當個靠打字賺錢的墨客，而是希望兒子像自己一樣學習法律，踏入政壇。1765年8月，無奈的歌德屈從於父親的壓力，來到萊比錫學習法律。5年之後，學業有成的他前往史特拉斯堡繼續學業。憑藉著聰明和勤奮，歌德很快就獲得了法學博士的學位，滿足了父親的願望。

創作時代

儘管歌德一直按照父親規劃的道路前進，但他始終沒有放棄他熱愛的文學創作。1774年，歌德發表了書信體小說《少年維特的煩惱》。這部小說講述了一位名叫維特的青年愛上了少女夏綠蒂，卻因為門第等原因，不得不眼睜睜地看著心愛之人嫁給了一個庸碌的小貴族。維特最終選擇了以自殺的方式結束自己的生命，以此向整個社會抗爭。這部小說發表不久就引起了轟動，它雖然是一部愛情小說，但是文字清新感人，用德國詩人海涅的話說，「小說中充滿了像海水一樣透明的語言」。當時很多失戀的德國青年都模仿著小說中的情節，這股「維特熱」迅速席捲了整個歐洲。

1775年，歌德應邀來到了威瑪公國，就此開始了他近10年的官場生涯。由於繁雜的政務占用了歌德大量的時間和精力，在這段時間裡，他並沒有太多的作品問世。1788年7月，歌德和一位比他小16歲的女工同居，並在8年後與之結婚。1805年，歌德一生的摯友、詩人席勒去世。10年後，歌德的夫人也因病去世。這兩次沉重的打擊讓歌德的情緒一度非常低落，不過這位大文豪沒有就此消沉下去，他完成了他生命中最重要的詩劇《浮士德》。這部巨著的寫作時間前後長達60年之久。《浮士德》的第一部完成於1808年，第二部則完成於1831年8月31日，此時歌德已是83歲高齡。當歌德嘔心瀝血寫完這部著作的時候，他在日記中寫下了這樣的話：「我最主要的事業已經完成，再也沒有什麼可以後悔的了。」這部讓他畢生無悔的作品取材於德國16世紀的民間傳說，講述了主人公和魔鬼梅菲斯特訂立誓約後，又在魔鬼的誘導下經歷了愛情悲劇、政治悲劇、美的悲劇和事業悲劇，在生命的最後一刻，主人公也悟出了人生的真諦。這部結合了浪漫主義、現實主義的作品和《荷馬史詩》、《神曲》、《哈姆雷特》並稱「歐洲的四大古典名著」，連馬克思和恩格斯這樣的大思想家都非常喜愛這部作品。

專題

狂飆突進運動

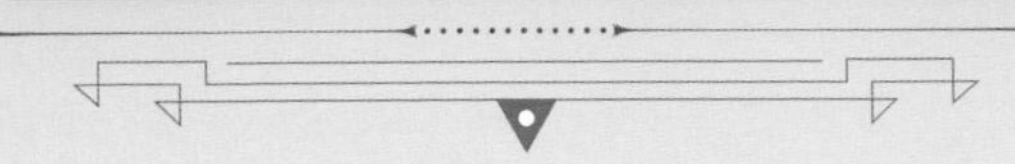

⊙克林格和《狂飆突進》 ⊙文豪歌德 ⊙「旗手」席勒

狂飆突進運動是18世紀70年代德國形成的資產階級文學運動，因德國作家克林格的劇本《狂飆突進》而得名。這場運動反對封建割據，批判死氣沉沉的封建文學藝術和虛偽道德，提倡個性解放和創作自由，歌頌「自然」，它是德國啟蒙運動的繼續和發展。克林格、歌德、席勒是這場運動的代表人物。

克林格和《狂飆突進》

「狂飆突進運動」的名字來源於德國劇作家克林格在1777年所寫的劇本《狂飆突進》。這位18世紀的劇作家和歌德、席勒等人處於一個時代。他家境貧寒，青年時因為條件所限輟學回家，不過這倒幫他找到了人生的方向。他和幾個知己好友成立了一個劇團，從此開始了戲劇創作生涯。克林格深受英國戲劇大師莎士比亞的影響，他的劇本

▼領主和他的一家人

力圖打破舊時期的戒律，以反抗社會現狀為主題。1774年到1775年，克林格相繼完成了劇本《奧托》和《受折磨的女人》。1777年，克林格完成了他最重要的作品——《狂飆突進》，這個劇本描寫了兩個到北美殖民地參加獨立戰爭的青年人在戰爭中成為戰友、從而消除父輩誤會的故事。

▲油畫《有城堡的景色》

這幅畫的作者是德國畫家阿爾布雷希特·阿爾特多費，畫作中看不到義大利式嚴謹的古典風範，也看不到荷蘭式的濃烈的北方鄉土氣息，而是多瑙河畔詩一般的優美風景和風俗人情。

文豪歌德

作為18世紀到19世紀德國最偉大的文學家，歌德一直是狂飆突進運動的中堅力量，他和詩人席勒並稱為這場運動的「兩大旗手」。歌德從1770年開始學習莎士比亞戲劇和古希臘的詩歌，從而確立了他清新質樸的創作風格。在此後的幾年中，歌德先後完成了多首讚美自然、謳歌愛情與友誼的抒情詩，比如《歡會與離別》、《五月之歌》等。此外，歌德還寫下了著名的詩篇《普羅米修斯》，這部取材於古希臘神話的詩劇表達了強烈的反封建精神。除了詩歌外，歌德的小說也具有濃郁的反抗精神。在他的早期小說《蓋

▲這幅繪畫描述了小說《浮士德》中主人公所面對的種種誘惑。

茲・馮・貝爾力希傑》中，主人公蓋茲被描寫成一個反對封建暴政、渴望自由、同情百姓的人物，可以說歌德把自己的理想和抱負賦予了自己筆下的主人公。此後，歌德又相繼寫成了《少年維特的煩惱》、《浮士德》等名著。狂飆突進運動在他的筆下迸發出了最強音。

「旗手」席勒

作為狂飆突進運動中的另一位「旗手」，席勒同樣是一位文學巨匠。他出生在德國馬爾巴赫的一個平民家庭，14歲時被迫進入軍事學校學習。經過8年痛苦、封閉的軍校生活，22歲的席勒開始了自己的創作生涯。從1780年到1784年，席勒先後完成了《強盜》、《陰謀與愛情》、《唐・卡洛斯》等幾部偉大

的戲劇。1794年，席勒結識了他一生的摯友歌德，兩人一起將德國文學引入了黃金時代。1799年，席勒完成了他著名的歷史劇《華倫斯坦》三部曲。《華倫斯坦》取材於三十年戰爭中的史實，強烈地表達了消滅封建割據、實現民族統一的理想。

▼歌德在羅馬平原上

關鍵詞：《英雄交響曲》

「樂聖」貝多芬

▪ 1770年～1827年

德國的波昂市有一座名為貝多芬的廣場，廣場上有一座青銅人物塑像。主人公有一雙大眼睛和一頭蓬亂的頭髮，粗獷的臉部輪廓透著堅強，在他的周圍還塑有九座天使像。這個廣場就是貝多芬廣場，這座塑像就是「樂聖」路德維希·范·貝多芬，那九座天使塑像則象徵著貝多芬創作的九部享譽世界的交響樂。

抑鬱童年

1770年12月17日，在德國波昂一座巴洛克式的三層小樓裡，一個名叫路德維希·范·貝多芬的男嬰呱呱墜地。貝多芬的出生並沒有讓他那終日酗酒的父親放下酒杯，倒是讓他擔任宮廷合唱團團長的祖父甚感欣慰。儘管當時音樂家在貴族眼中還是一群「穿著靴子的僕人」，他的祖父還是想把孫子培育成一個能夠用音樂觸動靈魂的樂師。可還沒等老人開始他的教育大計，就因病告別了人世，真正把貝多芬領到音樂之路上的還是他的父親。這位對酒吧的貢獻大於對家庭的貢獻的宮廷歌手教育兒子的方法非常奇特——他每次都在深夜帶著濃重的酒氣回到家中，把酣睡中的兒子從床上揪到鋼琴前，讓他從深夜練到天亮，一個音符的錯誤就會換來一記響亮的耳光。等貝多芬稍大一些，他就被父親帶到一個又一個老師那裡，學習不同的樂器和作曲。貝多芬的天賦慢慢展現出來，他7歲的時候首次登臺演奏，獲得了巨大的成功，被人們稱為「第二個莫札特」；11歲時發表了第一首作品《鋼琴變奏曲》；13歲時就參加了宮廷樂隊，擔任風琴師和鋼琴師。

^貝多芬的故居位於波昂市政廳以北的一條小巷中，這是一座有橘黃色牆體的三層小樓，小樓臨街的小花壇中種植著貝多芬生前最喜歡的玫瑰、蘭花和百日草等花卉。1816年，波昂市的市民在其基礎上建成了貝多芬紀念館。

英雄樂章

1787年，17歲的貝多芬來到了音樂之都維也納，並有幸為偶像莫札特演奏了樂曲。貝多芬的即興演奏震撼了莫札特這位古典音樂大師，據說一曲終了，一向沉穩的莫札特居然跑到了大廳，向朋友們高喊：「注意這個年輕人，用不了多久，全世界都能聽到他的樂曲！」在接下來的一段時間裡，貝多芬從莫札特、海頓這些前輩那裡學到了許多作曲的技巧，他開始將自己的思想和人生觀融入作品當中，用音樂來傳遞自由、平等的精神。1789年，法國爆發了資產階級大革命，貝多芬是大革命的同情者，對這場革命浪潮中的英雄拿破崙更是無比崇拜。1802年，貝多芬開始動手創作獻給拿破崙的《第三交響曲》。在貝多芬的心中，拿破崙就是砸碎封建鐐銬、實現共和理想的英雄，是一個現代版的普羅米修斯。1804年，貝多芬完成了《第三交響曲》，正當他準備獻給拿破崙的時候，卻傳來了拿破崙在法國稱帝的消息。失望的貝多芬高聲地怒吼道：「他也不過是一個凡夫俗子。現在他也要踐踏人權！」說完，貝多芬撕碎了寫給拿破崙的交響曲，在之後很長的一段時間裡，他都不願意公開這部偉大的作品。1805年4月，這部交響曲在維也納大劇院第一次公開演出，貝多芬親自擔任指揮。1806年10月，這部交響曲的曲譜出版，封面上印著：英雄交響曲，為紀念一位英雄而作。從此，《第三交響曲》也被稱為《英雄交響曲》。

v 維也納郊外的景色，這裡是貝多芬晚年時最喜歡漫步的地方。

自強不息

就在貝多芬作為鋼琴家和作曲家而開始嶄露頭角的時候，一個意外的噩耗傳來——他的耳疾無法治癒了。其實早在1796年年底，貝多芬就發現自己出現了嚴重的耳鳴。到1800年的時候，即便是在歌劇院聽歌劇，貝多芬也必須坐在第一排座位才能聽到隱約的歌聲。當他從醫生那裡得知到自己的耳疾無法治癒的診斷時，他幾乎絕望了。他從此拒絕出席各種音樂會，害怕別人知道自己的病情，甚至還寫下了一封遺書。不過，對音樂的熱愛最終戰勝了悲觀的情緒，貝多芬逐漸把自己的苦痛轉變成創作的動力，也就在這個時候，他在給朋友的信裡寫下了「我要扼住命運的咽喉」這句讓人血脈賁張的話。為了克服耳聾帶來的困難，貝多芬每次練習鋼琴曲時都準備一根木棍，一頭咬在自己的嘴裡，一頭插在鋼琴的共鳴箱裡，他就用這種方法來感受聲音。1807年，貝多芬創作完成了《第五交響曲》，也就是今天眾所周知的《命運交響曲》。這部情緒激昂、氣魄宏大的作品在維也納引起了轟動，哈布斯堡王朝的皇室成員一邊咒罵著「這大逆不道的曲子」，一邊從劇院匆匆退場；而拿破崙的老兵則熱淚盈眶地高呼：「這是屬於皇帝陛下的音樂……」1824年5月，貝多芬的最後一部交響樂——《第九交響曲》在維也納首演。這部以詩人席勒的名篇《歡樂頌》為靈感的交響樂再次點燃了維也納人的音樂聖火，震耳欲聾的歡呼聲、掌聲甚至讓附近的警察以為劇院發生了暴動。當時貝多芬正站在樂隊前指揮，因為背對聽眾的原因，貝多芬沒有看見（也聽不見）這激動的場面，還是女歌手翁格爾拉著他的手，示意他轉身，貝多芬這才看到了劇院中的盛況。

∧貝多芬失聰之後，反而對音樂理想性要求得更加嚴格，這種孜孜不倦的態度最終使他成為浪漫主義音樂之父。

孤僻終老

少年成名的貝多芬對於人情世故非常遲鈍，有時又表現得過於憤世嫉俗，藐視權威。當時就有評論家說他是「獨自生活在荒島之中，突然間被帶到了文明社會裡的人」。貝多芬一生中沒有幾位至交好友，且終身未婚。有時因為彈奏鋼琴的時間太長，手指會發熱，所以他在練琴的時候會準備一盆涼水放在旁邊，等到手指發熱的時候，就把手放到水裡浸泡一下，然後再繼續彈琴。隨著他的手臂來回揮動，每次都有很多水流到地板上。這還不算，每當靈感來臨的時候，貝多芬還會將整盆涼水倒在自己的頭上。於是，水淹樓下鄰居家的事情多次發生，這導致貝多芬屢屢搬家。最後他再租房子的時候，索性連同樓下的房間也一起租下，這種倔強的性格直到他去世時也沒有任何改變。

缺乏情感的滋潤，再偉大的藝術家也會感覺到靈感的衰竭。貝多芬在45歲之後又找到了另外一種激發靈感的方式，那就是散步和豪飲。每個傍晚，貝多芬都會在維也納郊外的森林裡或者某個莊園中散步，回到家後再喝下幾杯葡萄酒，然後再開始樂曲的創作。1826年12月，貝多芬在散步回來後得了重感冒，很快又轉成了嚴重的肝病。經過4個月的治療，無能為力的大夫告訴了貝多芬他恐怕無法治癒的實情，希望他能有所準備。可這位音樂家卻對著自己剛剛訂購的法國葡萄酒感慨地說：「實在太可惜了，你們來得太遲了！」1827年3月26日，貝多芬在維也納去世，人們把他安葬在了「歌曲之王」舒伯特的旁邊。作為集古典音樂之大成、開浪漫主義音樂先河的人物，貝多芬一共創作了200多部音樂作品，其中有9部交響樂（最有代表性的是《英雄》、《田園》、《命運》、《合唱》）。他將音樂上升到了一種高度，一種既可以抒發美好情感，也可以展現偉大精神的高度。羅曼・羅蘭在《貝多芬傳》中這樣說：「貝多芬的音樂代表了一種偉大的自由之聲，他和他的音樂都無可替代。」

VISIBLE HISTORY OF THE WORLD

關鍵字：《萊茵報》事件

紅色導師的青年時光

■ 1818年～1848年

今天，來到英國倫敦北郊的海格特公墓，你會在公墓的東側看到一座長方形的墓碑。墓碑上有一座巨大的頭像，虯髯叢生，雙眼凝視著遠方，彷彿一頭沉思中的雄獅。而在墓碑的正面則鐫刻著這樣的話語：「全世界無產者聯合起來！」不錯，這座墓碑下沉睡的就是「紅色導師」——卡爾．馬克思。

少年時光

1818年5月5日，卡爾·馬克思出生在德國的特里爾城。馬克思的父親是特里爾高等法院的首席律師，母親則是一位典型的賢妻良母。在他們的悉心關愛下，馬克思的童年

> 波昂大學

現在的波昂大學已經成為德國規模最大、歷史最悠久的大學之一，它設有50多個專業，其中影響力最大的就是哲學專業，不知道這是否受到了馬克思的影響。

生活充滿了幸福和歡樂。1830年，12歲的馬克思進入特里爾中學讀書。他的希臘文和拉丁文很好，這種語言方面的天賦一直伴隨了他的一生。1835年，馬克思從中學畢業時，望子成龍的父親已經為他規劃好了人生，馬克思被送進了波昂大學學習法律。此時波昂大學的學習氛圍並不太好，過多的富家子弟讓學校裡流行著奢侈的風氣。深受影響的馬克思花費無度，欠下了不少債務，還因為醉酒喧嘩而被學校關了禁閉。為了能讓馬克思有個好的學習環境，父親為馬克思辦理了轉學手續。1836年10月，馬克思轉到了柏林大學讀書。

柏林大學成立於1810年，他的創辦者是普魯士的教育大臣威廉・馮・洪堡（他被稱為「德國現代教育之父」）。這所大學裡最大的支出是科學研究，其次是教授的工資，最後才是校舍建設和其他開支，「為科學而生活」是這所大學的風氣。馬克思來到柏林大學後，被學校內的人文主義氣息吸引，打算轉修哲學專業，這個決定直接影響了他的後半生。當時，柏林大學的著名教授、德國哲學家黑格爾已經去世5年了，但他的思想仍然在這所大學中有著深刻的烙印。馬克思如飢似渴地閱讀著黑格爾的著作，並很快加入了大學中的「青年黑格爾派」。這是一群大學生、教授和評論家構成的組織，他們追求民主政治，堅持黑格爾的辯證法思想。在「青年黑格爾派」的活動中，馬克思的熱情、才能得到了充分的展現，以至於馬克思畢業後，不少學弟還從旁人的口中探尋著馬克思當年的英姿，其中就包括馬克思後來的摯友弗里德里希・恩格斯。1841年，馬克思從柏林大學畢業，他的畢業論文獲得了空前的好評，學校破例免除了馬克思其他科目的考試，授予他哲學博士學位。

《萊茵報》事件

畢業後不久，23歲的馬克思開始為傾向民主的《萊茵報》撰寫稿件。馬克思犀利的文筆和獨到的見解為報紙增色不少。1842年10月，報紙的股東們聘任馬克思為主編。馬克思上任後，《萊茵報》刊登了大量關心百姓疾苦、宣傳民主政治的文章，報紙的銷量直線上升，訂閱量從800多份飆升到了3400份，《萊茵報》的影響力正在向整個普魯士擴展。

儘管馬克思已經很講究鬥爭的方法，但政府的打壓還是在1843年降臨了，起因是普魯士國內發生的「盜竊林木事件」。當時，普魯士的莫瑟爾河兩岸有大片無主的森林和草地，這裡一向是當地農民和牧民砍柴放牧的地方。可一些貴族卻將這些土地霸占，宣稱農民拿走一草一木都屬於「盜竊行為」，而這個誣衊還得到了政府的支持。出於對勞苦大眾的同情和一個出版者的良心，馬克思在《萊茵報》上發表了名為《關於莫瑟爾河地區農民狀況的調查》的文章，強烈抨擊了政府的做法。《萊茵報》傾向於農民的觀點讓政府惱羞成怒，1843年1月19日，普魯士內閣會議通過決議，查封「影響極壞」的《萊茵報》。3月17日，《萊茵報》用紅色油墨印刷出版了最後一期。在這期報紙上，馬克思寫下了這樣的詩句：「新的戰鬥在彼岸等待著我們，在戰鬥中我們會遇到新的戰友。」幾個月後，馬克思輾轉來到巴黎這個歐洲工人運動的中心。在這個新的戰場上，馬克思寫下了著名的《〈黑格爾法哲學批判〉導言》，提出了依靠工人階級推翻剝削制度，建立平等社會的思想。不久，馬克思在巴黎也等來了「新的戰友」，新的鬥爭開始了。

v 馬克思像

為了挽救《萊茵報》，馬克思一個人承擔起報紙的全部政治責任，寫了退出編輯部的聲明。然而普魯士當局仍然堅持查封了報紙。

VISIBLE HISTORY OF THE WORLD

關鍵字：《資本論》

偉大的友誼

■ 1842年～1883年

1883年3月17日，卡爾·馬克思的葬禮在倫敦的海格特公墓舉行。前來參加的只有馬克思的三個孩子、管家海倫以及馬克思的一些朋友。葬禮舉行前，容貌憔悴的恩格斯以沙啞的嗓音為自己的老戰友致了悼詞，這篇充滿感情和理性的悼詞後來被整理為著名的《在馬克思墓前的講話》，成了一段高尚、純粹的友情的偉大見證。

初見不快

1842年11月的一天，一位金髮青年敲開了《萊茵報》編輯部的大門。正當編輯們惴惴不安地猜測這位陌生來客是否是新聞部門的檢察官時，青年彬彬有禮地道明瞭自己的來意——他是來找人的，拜訪的對象就是《萊茵報》的主編卡爾·馬克思。

這位金髮青年就是近代史上另一位偉大的革命導師——弗里德里希·恩格斯。恩格斯出生在普魯士的萊茵省，他的父親是當地紡織行業的大亨，母親是一位教授的千金。恩格斯17歲的時候，他的父親強令他輟學回家，幫助料理家裡的生意。恩格斯並沒有就此放棄學習。他自學了哲學、物理、化學等科學知識，還掌握了英語、法語、西班牙語、拉丁語等多門外語。在自學期間，恩格斯最喜歡讀的書就是黑格爾的哲學著作。漸漸地，民主主義思想的火花開始在年輕人的頭腦中閃動。1841年，恩格斯進入了普魯士軍隊服役。在此期間，他經常來到柏林大學旁聽講課，和「青年黑格爾派」中的鮑威爾兄弟相見甚歡（鮑威爾兄弟和馬克思也非常要好）。從朋友的口中，恩格斯知道了馬克思的為人，嚮往之下他還寫下了一首名為《特里爾之子》的詩歌來讚揚馬克思，這時候的恩格斯對馬克思已經是「素未謀面，神交已久」了。1842年11月，恩格斯被父親派往英國的曼徹斯特學習經營管理，他路過科隆時順道拜訪馬克思，這才出現了前面的一幕。

^ 恩格斯像

^ 馬克思像

不過，這次會面卻沒有人們想像中那般融洽，馬克思甚至連菸都沒有讓給恩格斯一根，兩個人的談話禮貌而有分寸。馬克思詫異於一個大商人的兒子怎麼會對自己感興趣，恩格斯則激動地辯解著「商人的兒子未必就是一個商人」。其實馬克思會有這樣的態度很自然，他曾聽說恩格斯和「青年黑格爾派」中一個名叫「自由人」的組織過從甚密，而這個只會誇誇其談的組織一向讓馬克思深為厭惡，恩格斯的出身也讓馬克思覺得這個金髮青年和自己並非志同道合。最終馬克思冷淡地送走了客人，恩格斯也有些失望地離開了科隆。這時兩人還不知道，在後來的偉大鬥爭中，他們必將重逢。

再見傾心

1843年，《萊茵報》被普魯士政府查封了，馬克思和妻子燕妮輾轉來到了巴黎。在美麗的塞納河畔，馬克思開始主持進步刊物《德法年鑑》的編輯工作。而在一海之隔的曼徹斯特，恩格斯正在刻苦學習，不過他學習的不是父親安排的經營管理，而是整個資產階級的經濟理論。在曼徹斯特的所見所聞，尤其是看到英國工人每天從事著繁重的體力勞動，卻仍然過著牛馬不如的生活，恩格斯逐漸明白了經濟才是決定政治狀況的根基，並開始刻苦研讀亞當·史密斯的《國富論》等資產階級古典經濟學著作。就這樣，恩格斯從經濟入手，逐漸走上了歷史唯物主義的道路。不久，恩格斯寫下了著名的《政治經濟學批判大綱》。幾經周折，恩格斯將文

v 馬克思與恩格斯這兩位革命巨人之間的友誼，是世界上任何友誼都沒法與之相比的。馬克思對恩格斯的才能十分敬佩，說自己總是踏著恩格斯的腳印前進；而恩格斯認為馬克思的才能要超過自己，在他們共同的事業中，馬克思是第一提琴手，而自己是第二提琴手。

章投給了馬克思主持的《德法年鑑》。這次他沒有遭到上一回那樣的冷遇，馬克思看完這篇文章後如獲至寶，當即決定將文章放到《德法年鑑》的第一期出版。回到家後，馬克思甚至還激動地對妻子燕妮說：「恩格斯，那個商人的兒子，他居然這麼透徹地認識到了無產階級的使命。」這時馬克思才隱約感覺到自己在上次見面中有些武斷，以至於錯過了這樣一位懷有崇高理想的知己。

不過馬克思並沒有遺憾太久，1844年8月的一天，恩格斯專程從英國來到了巴黎，第二次拜訪了馬克思。再次見面，馬克思從恩格斯的眼中看到了坦誠與直率，恩格斯則從馬克思的眼中看到了欣賞和鼓勵。為了彌補自己第一次見面時的冷淡，馬克思熱情地邀請恩格斯到自己的家中做客，恩格斯欣然赴約，還給窘困的馬克思一家帶來了禮物和食物。在接下來的10天裡，26歲的馬克思和24歲的恩格斯形影不離，他們一起參加了巴黎工人的集會，一起拜訪旅居巴黎的工人運動家，一起到法蘭西劇院廣場旁的咖啡館喝咖啡，還一起撰寫了近20萬字的著作《神聖家族》。馬克思的夫人燕妮和管家海倫都對舉止優雅、彬彬有禮的恩格斯有著很好的印象，她們感受得到這個金髮的客人給馬克思帶來了真正的歡樂；而恩格斯對馬克思一家的招待也非常感激，他回到英國後還專門給馬克思寫了感謝信，信中反復提到在馬克思家度過的10天是自己一生中最愉快的日子。

患難與共

恩格斯離開巴黎後不久，馬克思就遭遇了迫害。普魯士政府透過外交途徑對法國政府施壓，要求法國將馬克思驅逐出境。1845年2月3日，馬克思離開了法國，來到了比利時的首都布魯塞爾。這時的馬克思窘困萬分，妻子和剛出生的女兒還留在巴黎，家中唯一的銀餐具也進了典當鋪，身無分文的馬克思隨時可能被旅館老闆趕出房間。就在這個時候，馬克思收到了恩格斯的一封來信和一筆匯款，恩格斯在信中寫下了這樣的話：

「親愛的卡爾，我們大家決定用共產主義的方式來支援你……我們不知道這些捐款能不能保你渡過難關，我非常願意把我《英國工人階級狀況》一書的稿費交給你支配。」一個月後，恩格斯放棄了自己在父親公司的工作，來到了布魯塞爾，成了馬克思一家的鄰居。兩位偉大的思想家終於能並肩戰鬥了，他們開始撰寫第二部合著作品《德意志意識形態》。在這段日子裡，馬克思家的燈火通宵達旦，兩人的爭論聲、笑聲和馬克思的女兒小燕妮被吵醒後的啼哭聲匯成了一曲獨特的交響樂。

v1848年是整個歐洲的革命之年。奧地利維也納的市民發動了起義，反對哈布斯堡王朝的封建統治，這次起義也稱「三月革命」。

1847年，馬克思和恩格斯加入了國際工人組織「正義者同盟」。在兩人的倡議下，正義者同盟改名為「共產主義者同盟」，還以「全世界無產者聯合起來」的新口號取代了「四海之內皆兄弟」的舊口號。1847年11月，馬克思和恩格斯出席了共產主義者同盟在倫敦的第二次代表大會。次年2月，馬克思和恩格斯負責起草的《共產黨宣言》在倫敦的一家小印刷廠裡完成了印刷。從此以後，這本只有23頁的小冊子成了萬千無產者心中的燈塔，先後被翻譯成法文、波蘭文和義大利文在全世界廣泛傳播。然而，隨著1848年革命的失敗，歐洲的革命運動陷入了低潮。馬克思一家屢遭驅逐，最後在恩格斯的資助下，他們輾轉來到了英國倫敦。

倫敦歲月

如果說馬克思一家在倫敦的生活和布魯塞爾有什麼不同，那就是登門的債主和抵押出去的東西更多了。馬克思一家七八口人只能擠在兩間破舊的房子裡，麵包和馬鈴薯成了一家人奢侈的享受。生活如此艱難，堅強的馬克思只能在信中向好友傾訴。他在信中寫道：「最近一個星期，我已經到了非常『痛苦』的地步，我的外衣已經進了當鋪，我不能出門了；因為不讓賒帳，我也不能再吃肉……我的妻子病了，小燕妮也病了，醫生我過去不能請，現在也不能請，因為我們沒有買藥的錢。」馬克思的情況牽動著恩格斯的心，他很快就回了信，信中寫道：「從2月初開始，我將每月寄給你5英鎊，當你遇到其他困難時也不要因為這5英鎊而對我閉口不言，只要有可能，我就一定照辦。」當馬克思將信中的話念給妻子燕妮聽時，這位堅強的女士也流下了感激的淚水。燕妮和馬克思都知道，恩格斯是在透支他的人生來幫助自己。

為了更好地資助摯友，恩格斯最終選擇向父親妥協，他來到曼徹斯特的「歐文－恩格斯」公司當了一名店員。在此後的十幾年裡，恩格斯一共給馬克思一家匯款3000多英鎊，這一筆筆匯款幫助馬克思一家度過了最艱難的階段。每當收到恩格斯寄來的錢，馬克思總會感到深深的內疚，他覺得恩格斯的卓越才能是因為自己才浪費在了經商上。除了物質上的幫助之外，馬克思和恩格斯還在精神上互相鼓勵和關心。一段時間收不到恩格斯的來信，馬克思就會在下一封信中急切地詢問恩格斯的近況，字詞之間洋溢著關心之情；而恩格斯一段時間收不到馬克思的來信，也會在信中焦急地寫下「老卡爾，大鬍子的老卡爾，你是否出了什麼事情」這樣溫暖的話語。兩個朋友

^ 馬克思和恩格斯的塑像

在德國柏林市政廳附近，有一組馬克思和恩格斯的塑像，其中馬克思為坐姿，恩格斯站立在他旁邊。這組雕塑是1986年建成的，德國統一後，經過討論保留了這組塑像。2010年9月8日，由於柏林地鐵擴建需要，這組塑像移動了80公尺，朝向由向東改為向西。

之間暢所欲言，他們之間的友誼已經成了他們生命中不可分割的一部分。1867年9月14日，《資本論》的第一卷出版了。這本跨時代的巨著首版只印了1000本，但它卻凝結著馬克思半生的心血。不久，恩格斯回到了馬克思身邊，兩人開始共同完成《資本論》第二、三卷的創作。這時的馬克思身體越來越差，妻子燕妮和女兒小燕妮的相繼去世更讓他備受打擊。1883年3月14日下午兩點半，馬克思在梅特蘭公園路的家中去世。馬克思的辭世對於恩格斯來說無異於晴天霹靂，無盡的悲傷過後，他硬撐著主持了馬克思的葬禮，將馬克思和他的妻子燕妮葬在了一起。

葬禮結束後，恩格斯開始整理馬克思遺留下來的《資本論》手稿，馬克思的管家海倫也搬到恩格斯家中，幫助恩格斯料理家務，讓恩格斯能全身心地投入到工作中。1885年，《資本論》的第二卷出版；1894年，《資本論》的第三卷出版。1895年8月5日，恩格斯因患癌症逝世。按照他的遺囑，他的財產分成了3份，分別給了馬克思的女兒愛琳娜、蘿拉和小燕妮的子女。今天，在德國柏林的馬克思、恩格斯廣場上，我們還能看到馬克思和恩格斯的青銅塑像，他們偉大的友誼和共同奮鬥的事業仍然迸發出燦爛的光輝。

VISIBLE HISTORY OF THE WORLD

關鍵字：普奧戰爭／普法戰爭

「鐵血宰相」俾斯麥

■ 1815年～1898年

他放蕩不羈，臭名遠揚；

他崇尚武力，為自己贏得了「鐵血宰相」的稱號；

他在俄、法、奧三國間縱橫捭闔，最終一統德國；

他是一代名相，最終卻要揮淚淡出政治舞臺。

他究竟是誰？他就是19世紀歐洲政壇上的傳奇人物——奧托・馮・俾斯麥。

決鬥與愛情

> 俾斯麥像

1815年是歐洲歷史上特別的一年。這一年，曾經威懾歐洲的法蘭西第一帝國灰飛煙滅，一代梟雄拿破崙魂斷孤島。大革命的時代結束了，而另一個時代即將來臨。同年4月1日，在柏林以西100公里的舍恩豪森小鎮，一個名叫奧托・馮・俾斯麥的男嬰降生了，此時還沒有人意識到，這個啼哭著的嬰兒日後會成為華倫斯坦和腓特烈大帝的結合體。

俾斯麥出生在一個世襲貴族家庭，他的父親是一個嗜酒如命、謹慎膽小的地主，而他的母親則出生於資產階級大商人家庭，喜歡熱鬧和排場，還是宮廷舞會中的常客。父母大相徑庭的出身和性格讓家庭中充滿了矛盾和爭吵，俾斯麥就是在這樣的環境中度過了叛逆的少年時光。在母親的安排下，俾斯麥並沒有進入貴族學校讀書，而是進入了專門招收中產階級子弟的學校。由於世襲貴族的特殊身分，俾斯麥在學校裡遭受到眾人的排擠，這給他幼小的心靈投下了深深的陰影。排斥、冷淡、孤寂，這些負面因素讓俾斯麥養成了暴躁、易怒的性格。儘管沒有暗戀的女生，沒有可以一起玩樂的同學，俾斯麥還是在學校中找到了人生的樂趣。富有語言天賦的俾斯麥喜歡學習其他國家的語言，他除了能熟練地使用英語和法語進行對話之外，還對俄語、波蘭語等語言有所涉獵。此外，俾斯麥還喜歡閱讀歷史方面的書籍，他暢遊在古希臘、古羅馬的歷史長河之中，時而為「伯羅奔尼撒戰爭」的磅礡氣勢而擊節叫好，時而為凱撒

v 柏林公園內的俾斯麥銅像

^ 普法戰爭中的普魯士士兵

的創舉而癡狂。在這段時間裡，俾斯麥最大的樂趣就是沉醉在史書當中，用幻想作為自己的魔毯，穿越時空去感受歷史上的戰火硝煙，展現指揮千軍萬馬、馳騁萬里疆場的英雄本色。在這種有些迷幻色彩的個人世界裡，俾斯麥再也感覺不到外人對他的嗤之以鼻，更多的是一種發自內心的改變世界的衝動。

1832年，17歲的俾斯麥剛剛結束了痛苦難熬的中學時光，帶著滿心喜悅考入了薩克森州的哥廷根大學。不同凡響的人物到哪裡都與眾不同，俾斯麥在進入哥廷根大學不久就成了學校中的「風雲人物」。他成名的原因很簡單，這位新生喜歡把一支西洋劍佩帶在腰間，然後牽著一條黃色的德國獵犬在校園中遛彎，如此另類的裝扮自然成了學生們議論的焦點。每當俾斯麥牽著狗出來散步時，同學們總是以一種看待外星人的眼光來審視他，彷彿他來自遙遠的月球而不是柏林邊的村鎮。這種「待遇」讓俾斯麥非常不舒服，但凡有人對他行「注目禮」，俾斯麥必然要和對方進行決鬥，直到打得對方跪地求饒才肯甘休。由於學校並不禁止這種行為，再加上俾斯麥的劍術也相當精湛，在入學後的三個學期中，俾斯麥連續在27次決鬥中取得全勝，這個成績甚至還打破了學校的最高紀錄。俾斯麥成為帝國宰相後，每次提到這段歷史，他總是自豪地說：「在學校裡，我想做最有力量的人，我做到了；進入社會後，我想要做國家的領袖，我也做到了。」在一次決鬥中，常勝將軍俾斯麥竟然被對手擊敗，在臉上留下了記號，那是一道從鼻尖到左耳的傷疤。意外受傷讓俾斯麥有了些許的反省，他知道了自己在學校中不受歡迎，於是決定轉學，到柏林大學去繼續自己的學業。來到新的大學後，俾斯麥的表現有了180度的轉彎，他不再到處招搖，做出種種離經叛道的行為，而是潛心閱讀歷史、文學和哲學等方面的書籍，汲取了大量文化知識。這兩年的學習為他以後成長為政壇巨人打下了堅實的基礎。

大學畢業之後，俾斯麥開始進入社會。可江山易改，本性難移，在柏林大學壓抑了太久的俾斯麥整日花天酒地，沉湎於女色而不能自拔。也許是上帝想要懲罰他，俾斯麥在一次宴會上遇到了一位名叫喬安娜的女孩。這位個頭中等、眼眸碧藍的女孩子讓俾斯麥如醉如癡。但是喬安娜的父母不同意將女兒嫁給一個臭名遠揚的人物，在他們看來，把女兒嫁給俾斯麥和把女兒扔進火坑沒有任何區別。為了自己的終身大事，俾斯麥來到了喬安娜家中求婚。他充分發揮了自己的外交天賦，陪著好酒的未來岳父一起痛飲白蘭地和葡萄酒；和喜歡文學的未來岳母大談《哈姆雷特》；對

v 1870年法國漫畫中的俾斯麥

醜陋的喬安娜，他抱起來一頓熱吻。這種做法成就了俾斯麥的好事，女方父母終於同意了他的求婚。俾斯麥的一位朋友曾經這樣感嘆：「這就是真實的俾斯麥，他善於用快捷的手段勇敢地把蓄謀已久的事情辦成。」

榮升首相

俗話說「三十而立」，意思是男子漢若在30歲前還不能功成名就，人生基本上就算報廢了。可這句話用在俾斯麥身上顯然不合適。這位大地主的兒子在結婚以後才開始登上政治舞臺，這時的他已經32歲了。1847年5月，俾斯麥正式當選為柏林州的議員，從此開始了他的政治生涯。

1848年，整個歐洲爆發了大規模的自由主義革命運動，從巴黎到布達佩斯，從西西里到維也納，革命的烈火在熾熱地燃燒。這場革命很快波及普魯士，柏林也爆發了工人起義。消息傳來後，一向以忠君自詡的俾斯麥迅速在自己的領地上組織起了一支軍隊，準備趕赴柏林，救駕勤王。俾斯麥這種極端保王的立場使他贏得了普魯士國王的青睞。革命被鎮壓後，國王任命俾斯麥擔任普魯士駐聯邦會議的代表。任職期間，俾斯麥從國家利益出發，圓滿地完成了國王交給他的重任。此後幾年間，俾斯麥先後擔任了駐俄國和駐法國大使，在冰天雪地的莫斯科和浪漫的巴黎度過了幾年悠閒的時光。1861年，普魯士國王腓特烈威廉四世病逝，其弟威廉一世即位。威廉一世即位後，急需一位強權的首相來和議會爭權。在普魯士軍方的強力推薦下，威廉一世決定召回倔強的俾斯麥，並委任他為首相兼外交大臣。

1862年10月8日，俾斯麥宣誓就職，接著就在議會中發表了著名的「鐵血演說」。他揮舞著雙拳，慷慨激昂地說道：「目前普魯士重大的政治問題不是靠空話連篇和多數派投票所能夠解決的，必須用鐵和血來處理。德國的一統天下不是靠普魯士的自由主義，而是靠它的武力征戰來打下江山。」這次演說讓俾斯麥成了歷史上的「鐵血宰相」，他用自己的強勢向德意志的其他33個邦國和4個自由市發出了戰爭宣言。

普奧之戰

當時普魯士最大的對手是哈布斯堡王朝統治下的奧地利，兩個國家都想統一德意志。奧地利人心中有一個大德意志的夢想，希望建立一個以奧地利為首，包括普魯士和其他城邦在內的大德意志，而普魯士人則希望建立一個排除奧地利，以普魯士為首的德意志。單以實力而論，奧地利略占上風，而且還有法國、俄國在一旁對普魯士虎視眈眈。因此稍不注意普魯士就面臨一敗塗地的局面。俾斯麥把他的鐵血政策發揮得淋漓盡致，他採取靈活的外交手段，始終堅持拉一國打一國的戰略，開始了統一之戰。

統一戰爭的第一槍首先對準了北歐國家丹麥。

v 成為階下囚的拿破崙三世迷茫地注視著前面的草坪，而趾高氣揚的俾斯麥則拄著佩劍，望著遠處的侍從。

1863年11月，丹麥吞併了德意志聯邦的兩個公國——什勒斯維希和霍爾斯坦。消息傳來後，俾斯麥同奧地利互通消息，普奧兩國於次年組織起6萬大軍向丹麥發起進攻。不到3個月的時間，普奧兩軍連戰連捷，普魯士占領了具有重要戰略價值的什勒斯維希（該地位於北海和波羅的海之濱，是重要的出海口），為以後德國與英國爭奪海上霸權奠定了基礎。牛刀小試的勝利並沒有讓俾斯麥滿足，他接下來要對付的就是奧地利這塊絆腳石。為了徹底孤立對手，俾斯麥充分發揮了自己的外交才能，他透過支持俄國鎮壓波蘭起義，換來了俄國投桃報李的「中立」；而義大利人早就對奧地利占據威尼斯地區的舉動不滿，他又把義大利人團結成了自己的盟友；唯一讓他擔心的就是法國的態度。為了把法國拉向自己這邊，俾斯麥藉口妻子喬安娜身體不適，帶她到法國西海岸療養。在這期間，俾斯麥祕密會見了法國皇帝拿破崙三世。在俾斯麥巧舌如簧的鼓動之下，拿破崙三世動心了，答應法國會在普奧戰爭中保持善意的中立，而普魯士則支援法國吞併盧森堡等地區。

^ 普法戰爭中的德國統帥層

插圖中的幾位人物都是普魯士統一德國的戰爭中，擁有最高政治和軍事權力的人物，從左到右分別是威廉一世、腓特烈三世、俾斯麥和毛奇。

1866年6月，普奧戰爭正式爆發。25萬普軍迅猛出擊，先後擊敗了幾個依附奧地利的邦國，然後和28萬奧軍在一個叫薩多瓦的小村子展開了決定性的會戰。戰爭初期，奧地利軍人憑藉自己嚴格的訓練和巧妙的戰術略占上風，普軍一度有崩潰的跡象。據說在普軍的指揮部裡，俾斯麥目不轉睛地盯著普軍統帥老毛奇的臉，希望把握戰場形勢。不過，普軍的武器裝備更加精良，統帥部的指揮更快速合理，尤其是他們使用的後膛撞針步槍比奧軍的前膛槍領先了整整一個時代，最終普軍取得了決定性的勝利。8月23日，普奧簽訂《布拉格條約》，奧地利退出德意志，普魯士順理成章地統一了德意志的北部和中部地區，只有德意志南部的巴登、符騰堡、巴伐利亞、黑森－達姆施塔特伯四個邦國沒有納入德意志的版圖。不是這位鐵血宰相不想動手，而是因為這四個邦國臨近法國，是普魯士和法國之間的緩衝帶，如果現在對它們動手，難保拿破崙三世不會對普魯士宣戰。俾斯麥決定等待時機，在一切準備就緒後再與法國翻臉。

色當的全勝

1868年，西班牙爆發了革命，女王伊莎貝拉二世逃亡法國，西班牙王位空缺。西班牙政府推選

v1870年10月，10萬普魯士大軍經過凱旋門開進巴黎。

威廉一世的堂兄利奧波德親王繼承王位，這就引起了法國的強烈不滿。面對法國的戰爭威脅，已經是垂暮之年的威廉一世退縮了，他表示不贊成自己的堂兄繼承西班牙王位，可法國人並沒有就此甘休，而是進一步要求威廉一世保證將來任何時候都不會再爭奪西班牙王位。威廉一世沒有立刻回答，只是表示可以和法國在柏林繼續商談，然後給俾斯麥發去了一封加急電報。俾斯麥當時正在和普軍總參謀長老毛奇參加宴會，收到電文後，他的第一反應就是向老毛奇詢問是否有打敗法國的把握，在得到老毛奇肯定的回答後，俾斯麥拿起筆來修改了電文。他刪去電文中「還可以繼續商談」的話，加上了一句「國王陛下以後拒絕接見法國大使，而且陛下再也沒有什麼好談的了」。7月14日，正值法國的國慶日，俾斯麥將電文在報紙上公布，還通告了其他駐普魯士的外國公使。電報傳到巴黎後，法國輿論一片譁然，火冒三丈的拿破崙三世感覺自己受到了嚴重的侮辱。1870年7月19日，法國向普魯士宣戰，普法戰爭爆發。

戰爭開始時，拿破崙三世充滿了信心，準備將自己的40萬大軍調往普法邊境，以先發制人的戰略發起進攻。可時間過去了半個月，法軍才集結了不到20萬大軍。重型火炮的炮彈奇缺還不算，甚至要幾個士兵共用一支步槍。直到8月2日，法軍才開始向普法邊境發動進攻。這時的普魯士人早已嚴陣以待，老毛奇指揮下的40多萬普軍不但擊退了法軍的進攻，還乘勝追擊，攻入了法國的洛林地區。8月6日，雙方在梅斯以西的馬斯拉圖爾鎮展開會戰，結果法軍再次失利。拿破崙三世、元帥麥克馬洪以及12萬法國官兵被包圍在了法國東北部小鎮——色當。9月1日，普軍集中了700門火炮對色當進行了猛烈的轟炸。炮火襲擊過後，20萬普軍發動了猛烈的攻擊。拿破崙三世知道迎接自己的不是耶拿，而是另一個滑鐵盧，於是下令投降。下午3時，恥辱的白旗飄揚在色當城頭。9月2日，拿破崙三世率軍出城投降，一起被俘的還有39位法國將軍、8萬士兵和600多門火炮。俾斯麥又一次賭贏了，普魯士以9000多名士兵陣亡的代價擊敗了強大的法國。不久，普魯士軍隊開進巴黎附近的凡爾賽，普魯士國王在凡爾賽宮鏡廳宣布以普魯士為首的德意志帝國成立，史稱「德意志第二帝國」。

被迫下野

客觀地說，在德國統一的過程中，裝備精良的普魯士軍隊和普軍高效的指揮系統發揮了很大的作用，畢竟政治是以實力為保證的。但俾斯麥對戰略層面的精準把握、對作戰時機的選取和高明的外交手腕都發揮了巨大作用，而他本人也因為這一系列不可思議的勝利而達到了政治生涯的巔峰。在此後的十幾年時間裡，俾斯麥輔助威廉一世，對內大力發展以軍事重工業為主的國民經濟，並在德國建立起了世界上第一個社會福利系統，創立了世界上最早的工人養老金和醫療保險制度，一定程度上緩和了階級矛盾；對外他一改上任以來的戰爭狂人形象，在歐洲開展了「均勢外交」政策，極力控制德國的民族主義情緒，全力消除來自倫敦和聖彼德堡的猜忌，以此維護歐洲的相對和平，保護德國經濟的發展。德國也逐漸成為歐洲強國。

1888年3月9日，對俾斯麥信任有加的威廉一世病逝。經過腓特烈三世的短暫統治，6月15日，年僅29歲的威廉二世登基。年輕的皇帝心胸狹窄、剛愎自用，早想把帝國的權力從位高權重的首相手中收回，而權欲極重的俾斯麥則認為小皇帝是自己抓在手中的氣球，不能讓他「隨意飄蕩」。這場皇帝和權臣的鬥爭最終以俾斯麥的辭職而告終，驕傲的首相大人只得回到自己的家鄉，過起了農夫的生活。此時的俾斯麥已經無法適應平淡的生活，他又開始飲酒，生活也缺乏規律，健康每況愈下。1898年7月30日夜裡，俾斯麥在自己家中病逝。據說他在彌留之際曾經反復地念叨著「俄羅斯」和「德國」，還自言自語地說：「是德國嗎？可惜呀，德國……」有好事者猜測俾斯麥預測到了第二次世界大戰的最終結局，但這已經不重要了。這位被形容為大獨裁者、冒險家的人結束了德意志分裂的局面，改變了歐洲歷史的進程，這些已經足夠了。

VISIBLE HISTORY OF THE WORLD

關鍵字：總參謀部

老毛奇和總參謀部

■ 19世紀初

眾所周知，帶領普魯士人完成統一夢想的是一個前所未有的「鐵三角」：知人善任的威廉一世、倔強堅韌的首相俾斯麥和老謀深算的總參謀長老毛奇。而老毛奇能夠和以上兩位強人齊名，不僅因為他在德國統一的三次戰爭中指揮有方，還因為他親手打造了德國的王牌軍事系統——總參謀部。

誕生之初

今天，很多軍事迷提到總參謀部的時候，第一反應就是美國的參謀長聯席會議、英國的國防參謀部。那麼，世界上最早的總參謀部出現在哪

> 老毛奇像

老毛奇建立的總參謀部制度讓戰爭指揮從藝術向科學過渡，此後，那些可能決定國家命運的軍事決策不再只取決於軍事家的個人決斷，而是更加依靠軍官團的集體智慧。

^ 普魯士龍騎兵圖

18世紀，一個德國化學家經過試驗研製出了一種顏色特殊的藍色塗料「普魯士藍」，這種塗料後來被運用到軍服上，「普魯士藍」也由此引申為普魯士士兵對軍隊的狂熱。

裡呢？答案就是普魯士。

17世紀60年代，剛剛經歷過三十年戰爭洗禮的普魯士人對瑞典國王古斯塔夫推崇備至，他們開始從這個可怕的對手那裡學習各種先進的制度。首先就是建立專門的軍需部。千萬別以為軍需和參謀是兩個風馬牛不相及的概念，當時軍需部做的很多事情，比如確定行軍路線，在今天都是總參謀部的職責。在第一次世界大戰中，德軍的副總參謀長還叫做「軍需總監」，第一次世界大戰中的德軍名將魯登道夫和第二次世界大戰中的閃擊奇才曼施坦因都擔任過這個職務，可以說軍需部就是總參謀部的雛形。

1799年～1815年拿破崙戰爭時期，法國人建立了一個專門的軍事機構，負責確定行軍路線、起草命令等任務。可還沒等這個機構制度化，拿破崙就在滑鐵盧戰敗了。拿破崙的老對手普魯士人當時正瘋狂地研究這位軍事天才，主持普魯士軍事改革的沙恩霍斯特和格奈森瑙兩位將軍（他們都是普魯士陸軍中繼往開來的人物）都主張效仿法軍，建立自己的參謀部。1813年，普魯士人將原來的戰爭和軍事經濟部改建成為戰爭部。1817年，又將戰爭部的第二部改稱為總參謀部。當時的總參謀部更像是「軍事研究會」加「測繪站」，他們的主要職責就是測繪出一套精準的德國地圖，研究歐洲戰史，在一年一度的普魯士軍事演習中當好裁判。當時的普魯士總參謀長的權力還沒有一個野戰部隊的師長大，這種局面一直持續到老毛奇加入總參謀部。

新的時代

這位讓總參謀部地位飆升的人物全名是赫爾穆特・卡爾・貝恩哈特・馮・毛奇，因為他的侄子在「一戰」時也擔任過德軍總參謀長，所以人們稱前者為「老毛奇」，後者為「小毛奇」。老毛奇出生在軍人世家，他在11歲的時候就進入了哥本哈根軍校，後來又加入了丹麥陸軍。1822年，為了獲得更好的發展，老毛奇辭去了丹麥陸軍的職務，來到了規模更大、更精銳的普魯士陸軍任職。由於他學習勤奮，背景突出（老毛奇在普魯士的軍官學校裡讀過書，該校的校長就是《戰爭論》的作者克勞塞維茲），很快就進入了普魯士總參謀部擔任軍官。1857年，已經榮升少將的老毛奇被任命為代理總參謀長。新官上任，老毛奇對總參謀部進行了大刀闊斧的改革。他在總參謀部下面設立了三個主要的職能處，分別負責三個戰略方向：第一處主要負責奧地利、俄國等東方、北方國家事務；第二處主要負責普魯士本土、瑞士和義大利等國家事務；第三處主要負責法國、比利時、英國等西方國家事務。這樣的安排簡單扼要地將普魯士東、西、南三條戰略線進行了清晰劃分。此外，老毛奇還高瞻遠矚地設立了一個鐵道處，專門負責利用德國本土四通八達的運輸網靈活調集兵力，機動地打擊敵人。在普法戰爭中，儘管法國先行宣戰，但普魯士卻利用自己的鐵路把部隊第一時間調往了普法邊境，總參謀部的鐵道處在這裡發揮了巨大的作用。

除了建立鐵道處這種超前機構外，老毛奇還在總參謀部下面建立了軍事科學處。他把全國最傑出的歷史學家和統計、地形、測量專家全部請到

了總參謀部，幫助幾十萬普魯士士兵更新裝備，改革戰術思想。普魯士陸軍全面配備了先進的後膛步槍和殺傷力更大的火炮，參謀人員也開始透過精密的計算來推測戰役發展的種種假定，然後再制定完善的作戰計畫。按照老毛奇本人的話說，這叫做「先計算，後冒險」。在對丹麥、奧地利、法國的這三場戰爭中，普魯士總參謀部都是提前幾年就開始了對戰役的假想，經過無數次的沙盤推演，最終幫助普魯士軍隊戰勝了一個個強勁的對手。

^ 開進巴黎的普魯士騎兵

在普法戰爭中，普軍總參謀部經過反復推演的動員計畫發揮了巨大的作用。普軍的27個步兵師、2個騎兵師共計38.5萬人，全部在一周內集結完畢，動員效率極其高效。

隨著對丹麥作戰以及對奧地利作戰的勝利，特別是7周內擊敗奧地利這個強敵，總參謀部的威望達到了頂峰。1866年6月，普魯士國王頒布內閣命令，明確規定了總參謀長在戰時具有全權指揮權。這個命令讓很多參謀軍官們熱淚盈眶，這意味著參謀們不但可以制定作戰計畫，還能指揮作戰，這是何等的榮耀啊！參謀們成了軍官團中最受矚目的人物。在德國的帶動下，19世紀下半葉至20世紀初，奧匈帝國、法國、俄國、日本、美國和英國等國家先後建立起總參謀部或者類似的機構。在第一次世界大戰和第二次世界大戰中，各國的總參謀部先後發展成為軍事領導指揮的中樞。1911年4月，清朝政府設立了類似總參謀部的軍諮府，這是中國歷史上第一個參謀機構。

VISIBLE HISTORY OF THE WORLD

關鍵字：陽光下的位置

末代皇帝威廉二世

■ 1859年～1941年

1888年，德國人迎來了一位「精力充沛」的少年皇帝——威廉二世。這位天生殘疾的皇帝在法國人眼裡是個不折不扣的「神經病」，皇帝的舅父、英王愛德華七世則稱皇帝是「最神奇的失敗作品」。性格矛盾、行事乖張的威廉二世趕走了「鐵血宰相」，挑起了第一次世界大戰，德意志第二帝國就在這場戰爭中轟然倒塌。

新皇登基

1859年1月27日，威廉二世出生在柏林的波茨坦宮。作為德國皇帝威廉一世的嫡長孫、「日不落帝國」維多利亞女王的嫡長外孫，威廉二世集各種寵愛於一身，他的父親腓特烈親王（當時的德國皇儲）和母親維多

> 威廉二世像

威廉二世上台後大力推行帝國主義政策，按照他自己的話說，他要為德國「謀求一個陽光下的位置」。

^ 威廉二世

利亞公主對他更是疼愛有加。可世上沒有盡善盡美的事情，威廉二世的母親、英國的維多利亞公主雖然沒從娘家將可怕的血友病帶過來（英國維多利亞女王是血友病攜帶者，她的次女、幼女和幼子就遺傳了這種「王室病」，維多利亞公主是女王的長女），但威廉二世的身體還是有著先天的缺陷。這位皇儲一生下來就患有一種麻痺症，他的左臂有些萎縮，今天我們所看到的威廉二世的照片中，這位皇帝總喜歡遮擋自己的左手，不讓其暴露在眾人的視線中。

儘管身體有殘疾，成年後的威廉二世還是順利地進入了柏林大學接受傳統的貴族教育，畢業後的他像霍亨索倫家族的其他成員一樣加入了軍隊。此時的威廉二世已經表現出與常人大相徑庭的思維方式和行事風格，慷慨與吝嗇、溫柔與殘忍、勇敢與懦弱等許多矛盾的東西在他身上交替出現，以至於很多人都懷疑王儲的思維是不是不太正常。

1888年3月9日，一統德國的鐵腕君主威廉一世去世了，威廉二世的父親腓特烈三世登上了帝位。可這位新皇帝在登基之前就已經被確診為喉癌，在位99天就撒手人寰，被稱為「百日皇帝」。6月15日，年滿29歲的威廉二世成為德國的新皇帝。

權相下臺

在當時的德國，威廉二世還算不上實至名歸的至尊，他的帝國首相、鼎鼎大名的「鐵血宰相」才是整個國家真正的掌舵人。現在威廉二世已經當家做主，剛愎自用、唯我獨尊的他與意志堅定、喜歡獨攬大權的首相之間的矛盾日益深化。俾斯麥要用「鐵和血」來鎮壓工人的反抗，皇帝就表態說「絕不能讓工人的血流在柏林的街道」；皇帝表態要和盟友俄國「分道揚鑣」，首相就請皇帝重視與俄國的「友誼」……按照當時德國報紙的說法，「德國的政事已經在皇帝和首相的鬥爭中半身不遂了！」1890年1月，圍繞著是否維持《非常法》，是否繼續血腥鎮壓工人等問題，皇帝和首相再次爆發了激烈的衝突，威廉二世甚至在會議上高聲質問內閣大臣們：「你們究竟是德國皇帝的大臣，還是俾斯麥首相的大臣？」眼看只能在皇帝和首相之間進行選擇，內閣和軍方最終選擇了支持皇帝。3月18日，縱橫德國政壇二十餘年的俾斯麥被迫下臺。舊時代的終結預示著新的威廉時代的開始。

躊躇滿志的威廉二世終於掌握了國家大權，他開始推行自己的「溫和路線」。1890年和1891

v 俾斯麥像

威廉一世去世後，俾斯麥依然試圖讓國家按照自己的意志前進，他曾經在帝國議會中喊道：「只要我還有權力，我將永遠奮鬥！」可威廉二世顯然不願意讓俾斯麥再「奮鬥」下去，他登基後的第三年就讓俾斯麥下臺了。

^ 威廉一世

威廉一世去世後，他的孫子威廉二世將其奉為「威廉大帝」，以彰顯其在德意志統一戰爭中的功績。

年，帝國議會在皇帝的授意下通過了一系列的法案，規定工人享有在週末和節日休息的權利等。可這些微小的讓步不可能從根本上改變德國工人的悲慘生活，德國各地的罷工還是此起彼伏。於是威廉二世毫不猶豫地撕下了「悲天憫人」的面具，重拾俾斯麥的法寶，炮製實行了《防止顛覆法》等法律，開始血腥鎮壓工人的反抗。

調整內政後，威廉二世又開始對德國的外交動起了「手術」。在俾斯麥時代，德國的外交政策就是「親奧、聯俄、抑英、反法」八字真言，首相一直在極力避免德國在東西兩線同時作戰。現在威廉二世掌權了，德國的外交政策有了180度的轉向，德國和「世仇」法國依然劍拔弩張，德國和俄國不再續簽俾斯麥時代實行的《德俄再保險條約》；德國和英國失去了建立在血親關係上的信任，雙方大打貿易戰。威廉二世用一種「熱情周到」的態度把一個又一個的國家送進了敵視德國的俱樂部。按照史學家的評論：「皇帝肆無忌憚地揮霍著俾斯麥的政治存款，終於把德國帶到了四面楚歌的境地。」

走向戰爭

時間很快就到了20世紀初，德國借著第二次工業革命的春風，徹底完成了從農業國到工業國的轉變，鋼鐵年產量超過千萬噸，居世界第二位；商船噸位超過300萬噸，居世界第二位；經濟整體實力超越英法，僅次於美國。蓬勃發展的經濟讓皇帝有些飄飄然，威廉二世開始對世界高呼：「德國需要在陽光下占據一個位置！」1897年，德國出兵中國膠州灣；1905年，德國對一心想獲得摩洛哥的法國進行了戰爭威脅。德國陸軍迅速擴充，克虜伯兵工廠接到了一個又一個的龐大訂單；德國海軍也得到了經費支援，無畏艦的數量正在接近英國……。

面對德國的步步緊逼，一個由英、法、俄三大歐洲強國組成的協約國集團形成了。當威廉二世向身邊張望時，他發現自己的陣營裡除了老邁的奧匈帝國，就只剩下態度曖昧的土耳其和義大利了，這一切都要歸咎於他四面樹敵的外交政策。1914年6月28日，奧匈帝國的王儲斐迪南大公在塞拉耶佛遇刺身亡。這個突發事件徹底點燃了巴爾幹的火藥桶，奧皇在得到威廉二世出兵相助的保證後，於7月28日對塞爾維亞宣戰；8月1日，德國對俄國宣戰；8月3日，德國對法國宣戰；8月4日，英國以德國侵犯中立國比利時為藉口對德國宣戰，第一次世界大戰就此爆發了。

戰爭打響後，威廉二世逐漸把軍事指揮權交給了他的總參謀部，自己則忙著頒發鐵十字勳章和到各地做演講。隨著戰局的推進，威廉二世先後撤換了小毛奇和法金漢兩位總參謀長。到了1916年和1917年，德國已經變成了一個大兵營，總參謀長興登堡和軍需總監魯登道夫成了德國真正的主宰，威廉二世被徹底架空了。1918年，德軍在最後的攻勢中徹底失敗，老百姓的生活也窘困到了極限，戰爭已經打不下去了。11月3日，德國基爾港水兵發動了起義，不久，起義的烈火燃遍了全國。11月11日，德國談判代表團和協約國總司令福煦在康比涅森林進行停戰談判。第二天，走投無路的威廉二世帶著孩子逃到了中立國荷蘭，霍亨索倫王朝壽終正寢。強橫一時的德意志第二帝國也隨之滅亡。1941年6月5日，威廉二世在荷蘭病逝，曾經的「雄心壯志」最終都被黃土掩埋。

VISIBLE HISTORY OF THE WORLD

關鍵字：世界大戰

驚天大浩劫

■ 1914年～1918年

如果要用一個詞來形容1914年至1918年的第一次世界大戰，那絕沒有比「浩劫」這個詞更合適的了。在歐洲，7000萬人被推上戰場，在西線陰冷的戰壕和東線的冰天雪地中，900萬名士兵戰死，歐洲失去了整整一代青年，直接經濟損失高達1800億美元。用英國外交大臣格雷爵士的話說：「整個歐洲的燈火正在熄滅，在我們的有生之年將不會再看到它們被重新點燃。」

塞拉耶佛刺殺事件

1914年6月28日，奧匈帝國王儲斐迪南大公和妻子索菲婭來到了波士尼亞（1908年被奧匈帝

> 德軍總參謀長史里芬

按照史里芬的計畫，一旦同協約國集團開戰，德國以1個集團軍監視俄國，7個集團軍對法國作戰，其中3個集團軍掩護德法邊界，4個強大的集團軍經荷蘭、比利時和盧森堡迂迴法國左翼，在巴黎以東同法軍決戰。6個星期內取得西線決戰勝利後，再全力轉向東線。

國吞併）的首府塞拉耶佛進行訪問。不久之前，斐迪南大公剛剛指揮奧軍在波士尼亞和塞爾維亞的邊境進行了一場軍事演習，他對塞爾維亞的居心已經很明顯了。對斐迪南大公恨之入骨的塞爾維亞民族主義者決定趁這個機會除掉他，以此打擊奧匈帝國的侵略野心。當天上午10點，當斐迪南的車隊經過市內的拉丁橋時，一個名叫加夫里洛・普林西普的青年學生用勃朗寧1900型手槍對著斐迪南大公夫婦連開了7槍。雖然這種袖珍型手槍的口徑只有5.7公釐，但是大公夫婦分別被擊中了頸部和腹部要害。10個小時後，他們雙雙離開了人世。就像某位歷史學家曾經說過的，陰謀和暗殺無法改變歷史的進程，但它能影響歷史發展的軌跡。德國人建立一個日耳曼大帝國的「遠大志向」，法國人收回洛林和亞爾薩斯的復仇火焰，英國人維持自己霸主地位的堅定決心，奧匈帝國和俄國對巴爾幹半島的野心，最終隨著斐迪南和索菲婭的死而演化成了暴力性的戰爭。在德國皇帝威廉二世的支持下，82歲的奧匈帝國皇帝法蘭茲・約瑟夫一世決定向塞爾維亞宣戰，第一次世界大戰由此爆發。

^1914年6月27日，塞拉耶佛，身著軍大衣的奧匈帝國皇儲斐迪南大公抵達火車站。第二天，費迪南大公被波黑塞族愛國青年普林西普暗殺，並導致「一戰」爆發。

實力與計畫

在戰爭正式爆發前，協約國和同盟國的軍事實力是怎樣的呢？1914年6月，法國的常備軍人數已經從79萬猛增到400萬，俄國軍隊人數從120萬增加到了600萬，英國軍隊人數從16萬增加到了97萬；而他們的對手德國的常備軍總人數為500萬，協約國在人數上處於絕對的優勢。但德國和奧匈帝國異常發達的軍事工業在一定程度上彌補了其兵力的不足，克虜伯兵工廠和斯科達兵工廠將成千上萬的毛瑟98式步槍、馬克沁重機槍以及150公釐重型榴彈炮輸入到軍隊中，德軍和法軍的機槍之比約為2：1，重炮比更是達到了8：1。英國和俄國，一個沒有大陸軍，一個連步槍都沒有裝備到個人，在陸軍武器方面和裝備精良的德軍差距甚大。

v 戰壕中的德軍士兵

第一次世界大戰剛剛爆發時，德國士兵佩帶的是皮革製成並帶金屬裝飾的尖頂頭盔，這種頭盔最初是在1842年由普魯士國王腓特烈・威廉設計，又叫做「尖頂帽」。戰爭開始後，交戰各國發現鋼製頭盔能有效防禦彈片，就陸續換裝鋼盔。

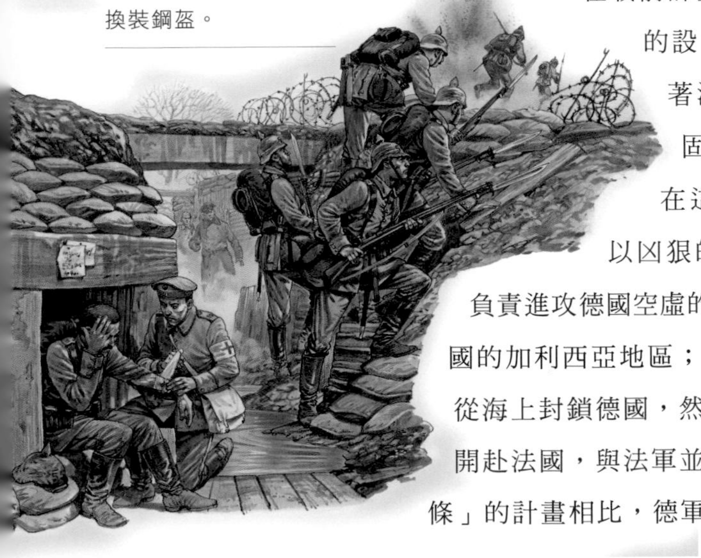

在戰前計畫方面，協約國三巨頭的設想非常簡單：法國人沿著法德邊境修建了一條堅固的防線，準備當德國人在這裡撞得頭破血流後再以凶狠的反擊消滅敵人；俄國負責進攻德國空虛的東普魯士地區和奧匈帝國的加利西亞地區；英國以自己強大的艦隊從海上封鎖德國，然後將幾十萬英國遠征軍開赴法國，與法軍並肩作戰。和這個「粗線條」的計畫相比，德軍的計畫則更像一個「藝

術品」。早在1891年，德軍總參謀部就根據自己可能在東西兩線同時作戰的假設，制定了一份「先西後東」的作戰計畫。因為該計畫是在總參謀長史里芬的主持下實行的，所以又被稱為「史里芬計畫」。第一次世界大戰爆發前，德軍總參謀長小毛奇（老毛奇的侄子）又對這個計畫進行了完善：德軍準備集中兵力於西線，爭取在俄軍尚未完整動員之前擊敗法國，回過頭來再收拾俄國。而進攻法國的德軍主力將「通過」中立國比利時直插法軍身後，重現普法戰爭中的勝利。

1914年，血肉橫飛

1914年8月1日，德軍完成了總動員。8月3日，120萬德軍組成的右翼集群越過了德比邊境，侵入了中立國比利時。比利時建國之後就沒打過仗，常備軍不過20萬人，唯一能抵抗一下的就是列日地區的防禦要塞。可德國人動用了口徑為420公釐的「大貝爾塔」火炮，這種巨型榴彈炮可以將1噸重的炮彈發射到14公里以外。在它的猛烈轟擊下，列日要塞的12座炮臺被擊毀了11座，比軍的抵抗很快就被粉碎。8月20日，德軍攻占了比利時首都布魯塞爾。8月21日，德軍兵分五路向法國北部發起了進攻。與此同時，法國人沒有理會德軍在比利時的攻勢，而是以第一、第二兩個集團軍加上英國遠征軍猛攻法德邊境。法德邊境的德軍只有10個師的部隊，他們很快就放棄了陣地向後撤退。當得意揚揚的法國人想進一步擴大戰果的時候，卻發現德國人已經出現在了左翼，自己有被包圍的危險，英法軍隊不得不「大踏步」地退回了出發地。

8月21日至25日，德軍和英法軍隊在法國北部展開激戰，法軍的防線多處被突破。9月3日，德軍先頭部隊逼近巴黎。9月5日至12日，德軍的5個集團軍和英法的6個集團軍在巴黎近郊的馬恩河地區展開了大規模的會戰。雙方共投入了200萬人和6600多門各型火炮，戰爭的慘烈度超過了之前歐洲大陸上的任何一場戰爭。經過一周的激戰，德軍傷亡21萬人，未

^ 戴著尖頂頭盔的興登堡

這位胸前戴著數枚「鐵十字勳章」的德國元帥出身於一個普魯士軍官家庭，他年輕時曾先後參加了普奧戰爭和普法戰爭，第一次世界大戰後期他成為德國實際上的統治者。

能實現占領巴黎的戰略目標；法軍損失了14萬人，也無力把德軍趕出法國。馬恩河戰役的失敗標誌著德國人「速決戰」理論的破產。小毛奇在給妻子的信中這樣寫道：「這是個痛苦的結局，我們不得不面對一場浩劫。」隨後，小毛奇被威廉二世撤職，陸軍大臣法金漢成了德國陸軍的總參謀長。在接下來的幾個月裡，英法和德國都想包抄對方的側翼，開始了一場名為「奔向海洋」的運動戰。雙方從法國北部海岸到馬恩河沿線修建了由壕溝、鐵絲網、雷場、堡壘等所組成的「死亡防線」，西線徹底陷入了僵持之中。

就在德軍集中兵力猛攻西線的同時，東線的俄國也在英法的催促下完成了最後的動員。8月初，俄軍的兩個集團軍共25個師攻入了德國東普魯士的馬祖爾湖地區。而德軍在東線只有一個第8集團軍，這個集團軍的指揮官就是後來被稱為「帝國雙塔」的興登堡和魯登道夫。這兩位老謀深算的指揮官抓住了俄軍在配合上的失誤，以兩個師牽制俄軍第一集團軍，其他全部兵力則猛攻俄軍第二集團軍。8月29日，俄軍第二集團軍被德軍包圍，司令官薩姆索諾夫自殺，俄軍被俘9.5萬人，傷亡3萬人。9月7日，德軍從西線緊急增援過來的2個軍和第8集團軍又一起圍殲了俄國第一集團軍。一場戰役下來，俄軍不但沒占到便宜，反被處於劣勢的德軍消滅了25萬人，而德軍的傷亡還不到3萬。不過，俄國在同奧匈帝國的南線戰鬥中卻是屢戰屢勝，東線和西線一樣進入了僵持階段。

1915年，東線苦戰

1915年是第一次世界大戰的第二個年頭，德軍新任總參謀長法金漢決定把「德意志的劍」從法國人的身上拔出來，在最短的時間內擊敗俄國，然後再與英、法決戰。法金漢的想法也不是沒有道理，和英法軍隊相比，俄軍的戰鬥力低得嚇人。雖然俄軍有600萬人，可裝備奇差，士氣低落，士兵大多由文盲組成，被貴族軍官們稱為「灰色制服的牲口」；軍官團內也都是一些腐敗無能的貴族，他們貪污的本事遠遠大於指揮作戰的本事。俄軍不但奇缺火炮和機槍，甚至需要幾個士兵輪流使用一支步槍，或者乾脆在木棍上綁上刺刀，當作步槍使用。和這樣的軍隊作戰已經談不上勢均力敵，而更像一場單方面的屠殺。1915年5月，德奧兩國集中了18個師的兵力，對俄軍發動了猛烈的進攻。俄軍在加利西亞、立陶宛、波蘭全線潰敗，40萬士兵被俘。德軍雖然取得了空前的勝利，但未能消滅俄軍的主力，迫使俄國投降的目的遠沒有達到。

東線的俄國連戰連敗的同時，西線的英法也沒好到哪裡去。英法軍隊趁著德軍西線空虛的時機，發動了香巴尼和阿杜瓦戰役。每次進攻時，法國軍隊還像拿破崙戰爭時期那樣排出整齊的隊形，軍官們戴著白手套走在最前面，士兵則穿著藍色上衣和紅色褲子走在後面，最後則是軍樂隊。這種自殺式的衝鋒幾乎每一次都會被德國人的大炮和馬克沁重機槍擊潰。到1915年，英法軍隊傷亡約100萬人，東線的俄軍傷亡超過了200萬人，德軍死傷不到100萬人。對協約國來說，這是無比黑暗的一年。

1916年，最血腥的一年

時間到了1916年，德國人的戰略再次發生了變化。法金漢痛苦地發現俄國廣袤的土地簡直就是一個夢魘，無論德軍消滅了多少俄軍，搖搖欲墜的俄國還能重新帶領著上百萬的士兵走上戰場。法金漢決定再次把攻勢轉回西線，他準備選擇一個法國在情感上無法割捨的地方「使法國把鮮血流盡」。法金漢最終選擇了人口不到兩萬的小鎮凡爾登，這裡距離巴黎不到200公里，拿下它巴黎就朝不保夕。1916年2月21日清晨，德國人開始了代號為「處決地」的作戰計畫，殘酷的凡爾登戰役正式打響。德國第五集團軍下轄的1400多門火炮對凡爾登地區進行了連續12個小時的連續炮擊，200多萬發炮彈把凡爾登變成了一座人間煉獄。漫長的火力攻擊後，德軍的27個步兵師又發動了潮水般的進攻，凡爾登的周邊據點接連失守，這座巴黎的大門到了淪陷的邊緣。就在這個危急的時刻，貝當將軍成為凡爾登前線總指揮。在他的嚴令下，法軍緊急擴建了唯一與後方保持聯繫的巴勒迪克－凡爾登公路（這條公路戰後被稱為「聖路」）。在接下來的幾周裡，每天都會有6000輛卡車透過這條公路向凡爾登運輸部隊和物資，法國人在一周內就向凡爾登地區運送兵員19萬人、物資2.5萬噸，這也成為人類戰爭史上首次大規模的汽車運輸。得到了兵力和重炮支援後，法軍開始將德國人一公尺一公尺地逐出凡爾登。12月18日，筋疲力盡的德國人沮喪地發現自己被趕回了戰役開始前的出發地，「凡爾登絞肉機」在這一天終於停止了轟鳴。在這場歷時10個月的殺戮中，德軍損失了45萬人，而法國人的傷亡更是達到了55萬，德國人和法國人的鮮血幾乎都在這裡流盡。法金漢沒等看到這場戰役的結局，就於8月份被威廉二世撤職。在東線屢立戰功的興登堡和魯登道夫分別擔任了德軍總參謀長和軍需總監，成為德國實際上的核心人物。

就在凡爾登戰役最激烈的6月和7月，以英軍為主力的協約國部隊也在巴黎西北部的索姆河地區發動了一場攻勢戰役。1916年6月24日，和德國人炮擊凡爾登一樣，英軍的1400多門火炮對德軍在索姆河的陣地進行了猛烈的炮擊。在一周的時間裡，英國炮群將150萬噸炮彈傾瀉到了索姆河，

^ 凡爾登戰役中的德軍士兵

凡爾登戰役初期，德軍在兵力和技術兵器方面占有絕對的優勢，一度在凡爾登取得了局部上的優勢。但法軍利用高效的公路運輸，源源不斷地向凡爾登調運部隊和物資，逐步地穩定了戰局。

德國人的陣地被炸得如同月球表面一樣凹凸不平。然而，如此規模的炮擊卻沒能給德軍步兵帶來巨大的殺傷。早在戰役開始前，德軍就在這一地區構築了堅固的防禦工事，地下坑道甚至深達12公尺，坑道內廚房、醫院、彈藥庫一應俱全，足夠德軍堅持很長時間。7月1日清晨，恐怖的炮擊終於停止了。在28公里寬的戰線上，英軍的14個師發動了猛烈的攻勢。德軍迅速從防禦工事中傾巢而出，他們把沉重的機槍全都搬上陣地，然後居高臨下地向英軍射擊。在這一天的攻擊中，英軍的傷亡創下了紀錄，約有6萬餘人陣亡、受傷或被俘。在接下來的3個月裡，德軍從凡爾登抽調了精銳部隊增援索姆河，同時大約1200輛車的彈藥也被緊急輸送到索姆河。英軍雖然使用了包括坦克在內的新式武器，也只從德國人手裡奪回了180平方公里的戰線。到11月中旬，持續了四個半月的索姆河戰役終於結束了，英

< AV7型坦克

當德國軍方在索姆河見識過了英國坦克的厲害後，立刻決定發展自己的坦克，這就是被後世軍迷稱為「德國老爹」的AV7型坦克。AV7型坦克在車頭位置裝有一門57公釐口徑的火炮，車身四周裝有6挺機槍。由於缺乏跨越壕溝的能力，實戰性不強的AV7型坦克最終只生產了100餘輛。

法損失了60餘萬人，德國的損失也大致相當，雙方就像兩個筋疲力盡的拳擊手，只能喘息著靠在圍繩上，迷惘地等待著1917年的到來。

變幻的1917年

1917年，協約國陣營裡發生了兩件大事：美國參戰和俄國革命。第一次世界大戰爆發以後，美國政府一直宣稱自己將「驕傲地中立」，不會涉入戰爭。可隨著戰爭的深入，英國開始從美國銀行中借款，摩根、洛克斐勒這些美國金融巨頭先後向協約國提供了30億美元的貸款和60億美元的出口物資。如果德國人在戰爭中獲勝，美國銀行家手中的協約國債券就會變成一堆廢紙。為了保護自己的貸款，美國的大銀行財團竭盡全力地將美國推向戰爭。除此之外，德國軍方在政治上的遲鈍也是造成美國參戰的重要原因。從1916年2月1日開始，德國海軍宣布實行「無限制潛水艇戰」，對所有前往協約國的船隻一律擊沉。儘管有人向魯登道夫提出這樣可能會把美軍拖入戰爭，魯登道夫卻以一種無所謂的態度回答說：「美國一點兒也不讓我困擾，我絲毫不關心美國是否會參戰！」1917年4月6日，美國正式對德國宣戰，德國人這才想明白自己犯了一個多麼不應該犯的錯誤。

就在英法為美國參戰興奮不已的時候，東線傳來了噩耗。1917年2月，俄國爆發了「二月革命」，沙皇尼古拉二世被趕下了台，新成立的資產階級新政府仍然向英法保證會把戰爭打下去。可他們沒有兌現這個「諾言」的機會了，11月7日，俄國爆發了「十月革命」。1918年3月，革命政府在列寧的主持下和德國簽訂了《布列斯特－立陶夫斯克和約》，俄國放棄了波蘭、芬蘭和烏克蘭的大片地區，正式退出了戰爭。

終戰的1918年

隨著俄國退出戰爭，德國人總算擺脫了兩線作戰的困境，興登堡和魯登道夫把大批的精銳部隊從東線調往西線，企圖在美國軍隊到達歐洲前打敗英、法，結束戰爭。在1918年3月至8月間，德軍連續發動了5次大規模的攻勢。5月底，德軍再次攻擊到馬恩河附近，先頭部隊距離巴黎只有37公里。此時幾十萬美軍已經到達了歐洲，協約國的力量得到了進一步的增強，德軍在幾次攻擊作戰中傷亡接近百萬，魯登道夫也哀歎道：「這段日子（1918年7月至8月）對德國來說是開戰後最黑暗的時刻。」9月26日，協約國在西線發動了全線進攻，德軍的「興登堡」防線被徹底突破。10月31日，土耳其投降；11月3日，奧匈帝國投降；德國基爾港水兵發動了起義，德國國內陷入一片混亂。德國想要戰勝已經沒有任何希望了。11月9日，德國皇帝威廉二世被迫退位，乘飛機逃往荷蘭，而魯登道夫也逃往了瑞典。11月11日，戰爭雙方徹底停戰，持續了51個多月的戰爭終於結束了。在這場驚天大浩劫中，共有31個國家捲入了戰爭，900多萬士兵戰死沙場，直接經濟損失超過了1800億美元。這場戰爭中，沙皇俄國、德意志第二帝國、奧匈帝國和鄂圖曼土耳其帝國土崩瓦解，巴爾幹半島上出現了一批獨立的國家，比如南斯拉夫。對於德國來說，雖然在第一次世界大戰中最後戰敗，但德國的元氣並未受到太大的傷害，國內強大的工業體系保存完整，容克貴族和大財團依舊存在，這些都為在第一次世界大戰中還是下士的阿道夫·希特勒發動第二次世界大戰打下了物質基礎。

第三章

帝國發了狂：戰爭的結局是崩潰

先天不足的威瑪共和國沒能阻擋法西斯政權的建立，軍國主義和極端民族主義的甚囂塵上讓德國再次淪為世界大戰的策源地。希特勒掌握政權後，對內建立了恐怖專制制度，對外發動了侵略戰爭。最終，法西斯德國被擊敗，希特勒自殺身亡，德意志民族再次面臨分裂的局面。

VISIBLE HISTORY OF THE WORLD

關鍵字：社會主義革命

十一月革命的烽火

▪ 1918年11月

1918年11月，德國爆發了規模浩大的十一月革命。1918年11月9日，柏林時間下午3點30分，德國革命家卡爾·李卜克內西在波茨坦王宮的陽臺上宣布：「自由的社會主義德意志共和國誕生了。」而就在兩個小時之前，德國社會民主黨人也在國會大廈宣布「德意志共和國成立」。一場革命，居然成立了兩個共和國，這是怎麼回事呢？

水兵起義

1918年，第一次世界大戰已經進入了最後一個年頭。德軍在西線節節敗退，國內的經濟也到了崩潰的邊緣。11月3日，8萬名德國水兵喊著「要自由和麵包，不要戰爭」的口號，在

> 德國革命家羅莎·盧森堡

羅莎·盧森堡是德國工人運動的領袖，也是德國共產黨的奠基人。她被政府軍槍殺之後，屍體被投入柏林的護城河內。

^ 軋鋼工廠

德國門采爾繪。《軋鋼工廠》是世界美術史上第一幅描寫工人勞動場面的繪畫。為了完成這幅作品，門采爾曾數次到軋鋼廠寫生，先後繪製了幾百幅素描。透過這幅作品，門采爾感覺到了工業文明這枚硬幣的兩面：一面是飽食終日的資本家，一面是與機器和鋼鐵搏鬥的工人們。

基爾港舉行了大遊行。軍官們開始抓人、殺人，這個舉動更激起了水兵們的憤怒。在基爾港工人的支持下，水兵們起義了。基爾港起義的火花轉眼間就變成了熊熊的革命烈火，從南到北，自西向東迅速蔓延到德國全境，漢堡、不來梅、漢諾威……一座座城市相繼變了顏色。1919年4月，蘇維埃共和國成立，革命的樂章在這一刻奏出了最強音。

就在巴伐利亞爆發革命的同時，德國的首都柏林也正在悄悄地發生著變化。當時領導革命隊伍的有兩派政治力量：一派是以艾伯特為首的社會民主黨，這一派人是典型的右派，黨主席艾伯特不止一次地表示自己對社會革命「恨之入骨」；另一派是以卡爾·李卜克內西為首的斯巴達克派，他們是革命隊伍中的左派，主張在德國建立一個社會主義共和國。11月9日上午，幾十萬德國工人走上了柏林街頭，以示威遊行的方式要求皇帝下臺。眼看大勢已去，帝國首相馬克斯親王宣布皇帝正式退位，國家的權力正式移交給了社會民主黨。第二天，威廉二世倉皇出逃荷蘭。大權在握後，趾高氣揚的艾伯特與頑固的軍方首領興登堡達成了協定：國防軍全力支持新政府，艾伯特政府則保證恢復秩序，鎮壓「布爾什維克主義」，維護軍官團的權力。就這樣，反動政府找到了合適的幫凶，一場針對革命者的陰謀即將發動。

革命雙星

就在反動政府磨刀霍霍的時候，有「紅色之鷹」之稱的德國女革命家羅莎・盧森堡回到了柏林。這位女士出生在波蘭，後來遷居柏林，她從21歲起就投身工人運動。盧森堡回到柏林後，和李卜克內西等人創辦了紅色刊物《紅旗報》，開始向人民群眾宣傳自己的觀點。1918年12月29日，斯巴達克派在柏林召開了代表大會，決定成立德國共產黨。

眼看革命運動如此高漲，艾伯特政府免去了柏林警察總監艾希霍恩的職務。這位警察總監一向同情革命，他的離職點燃了革命行動的火焰。1919年1月6日，柏林工人開始了總罷工，50萬工人走上柏林的街頭進行示威。很快，罷工行動轉化為武裝起義。為了鎮壓革命，艾伯特政府任命古斯塔夫・諾斯克為國防部長，全權負責鎮壓革命。這位國防部長一向是社會民主黨中的「鐵桿右派」，他上任的第一句話就是：「既然得有人來當鷹犬，那我就不能逃避這個責任。」在諾斯克的領導下，艾伯特政府成立了由反動軍官、退伍軍人、失業流氓組成的「自由民團」，屠刀開始肆虐地揮舞。1月11日，軍隊和自由民團向起義者發動了瘋狂的進攻，機槍、大炮的轟鳴聲響徹柏林。在1月11日至17日的幾天時間裡，100多名起義者被殺害，無數群眾受傷，歷史學家稱這一周為「血腥的一周」。由於雙方力量懸殊，這次起義失敗了，李卜克內西和盧森堡於1月15日被逮捕殺害。5月5日，政府軍又攻入了慕尼黑，共產黨建立的巴伐利亞蘇維埃政府也被推翻。至此，德國十一月革命全面結束，德國歷史進入了威瑪共和國時期。

VISIBLE HISTORY OF THE WORLD

關鍵字：威瑪共和國

廢墟上的威瑪共和國

■ 1919～1933年

1919年，德國誕生了歷史上第一個資產階級議會制共和國——威瑪共和國。這個政權很像是德意志第二帝國在臨終前意外分娩出的「胎兒」，懷念皇帝的反動軍官們憎恨它，嚮往極權統治的大資本家和容克貴族們嘲笑它。在此後的14年中，威瑪共和國像一隻失去舵盤的航船，只能在政治浪潮中隨波逐流。

共和國成立

1919年1月19日，艾伯特統治下的德國舉行了第一次世界大戰後的第一次國民議會選舉。憑藉軍方槍桿子的支持，社會民主黨成了最大的贏家，大批的舊貴族、官僚和資本家當選為議員。2月6日，參加會議的議員們離開了柏林，來到小城威瑪聚會。透過選舉，艾伯特被推選為共和國總統，社會民主黨與民主黨、中央黨組成了聯合政權。7月31日，議會通過了

∧威瑪共和國時期發行的20000馬克的紙鈔

《1919年憲法》。因為這部憲法是在威瑪通過的，所以又被稱為《威瑪憲法》，新成立的共和國也就被稱為「威瑪共和國」。

威瑪共和國誕生後，最大的難題來自國外。1919年1月18日，巴黎和會在凡爾賽宮鏡廳召開。德國代表面對的是法國總理克里孟梭傲慢的態度與前所未有的苛刻條款，按照總共15章、440個條款的《凡爾賽和約》，德國將割讓10%的領土、失去12.5%的人口、喪失所有的海外殖民地、16%的煤產地及半數的鋼鐵工業。德國還要支付巨額的戰爭賠款。德國陸軍縮減為10個師，官兵數量不超過10萬人，交出所有的飛機、重炮和軍艦。

《凡爾賽和約》的內容很快地就傳回到了德國國內，老百姓們群情激憤，反對政府簽署。艾伯特也多次公開表示反對簽署，全國還舉行了「國民哀悼周」以示抗議。有了國內的支持，德國代表的腰桿也硬了許多。5月29日，他們對協約國的條約草案進行了逐條批駁，然後將400多頁的回

v 德國圖林根州威瑪市的市政廳

該廳建於1841年，《威瑪憲法》就是在這裡起草並通過的。

覆稿送還給協約國。德國人的做法讓協約國方面惱羞成怒，法國總理克里孟梭就公開表示：「這份和約德國人可以不要，那麼就讓大炮來說話吧。」協約國方面通知德國政府，如果不在6月23日前簽署，那麼戰爭將重新開始。面對協約國的最後通牒，艾伯特政府內展開了激烈的爭吵，艾伯特在得到軍方不可能抵抗協約國進攻的資訊後，將草案提交給國民議會討論。6月22日，國民議會通過協約草案。6月28日，德國外長赫爾曼・穆勒在凡爾賽宮簽訂了屈辱的《凡爾賽和約》。

多災多難

戰爭結束了，創傷卻不是短時間內能夠癒合的。威瑪共和國的第一屆政府因為簽署了《凡爾賽和約》而被稱為「賣國政府」，艾伯特先生也在一段時間內遭到民眾抗議。這還不是《凡爾賽和約》的全部危害，那筆高達上千億的賠款讓新生的共和國戴上了沉重的經濟枷鎖。1923年，一場災難性的通貨膨脹在德國爆發，1公斤馬鈴薯的價格從20馬克飆升到900億馬克，一向以堅挺和穩定著稱的德國馬克幾乎變成了廢紙，無數德國家庭一夜間失去了幾十年來積攢下來的財富，上百萬人失去了工作，國家經濟到了崩潰的邊緣。

經濟基礎決定上層建築，經濟狀況也能決定政權的穩定。德國老百姓對艾伯特政府怨聲四起，德國國內的右翼勢力也開始四處散布謠言，喊出了「反對共和國、恢復帝制、對法復仇」的口號。1920年3月10日，右翼勢力的代表會見了艾伯特總統，提出了解散國民議會、重選總統、拒絕縮減軍隊等要求。艾伯特斷然拒絕了右翼勢力的要求。3月13日，右翼勢力的軍隊攻占了柏林，還成立了一個臨時政府。可這個臨時政府沒有得到大資本家的回應，很快就垮臺了。在國防軍的保護下，大部分右翼分子沒有得到懲罰，一些新的右翼組織反而更加茁壯地發展起來，其中最有影響力的就是德國工人黨，也就是後來罪惡滔天的納粹黨。

VISIBLE HISTORY OF THE WORLD

關鍵字：納粹黨

納粹黨成立

■ 1919年

在威瑪共和國不可避免地走向衰落的時候，一個名為德國工人黨的團體在巴伐利亞地區成立了。這個團體被一個名叫阿道夫・希特勒的人賦予了一個可怕的名字——「納粹黨」（Nazi，德語中是「民族社會主義者」的縮寫）。

落魄「畫家」

阿道夫・希特勒（1889－1945）生於德國和奧地利的邊界城市布勞瑙，他的父親是邊境的海關文職官員。希特勒小時候曾經對繪畫很感興趣，想成為一名藝術家，可他脾氣暴躁的父親卻堅決要兒子當公務員。1903年，父親因為中風去世。三年後，希特勒報考了鼎鼎大名的維也納美術學院，結

^ 希特勒早年的水彩畫

2006年，這幅畫被蘇富比拍賣行以1.6萬英鎊的價格拍賣。

果名落孫山。1908年，母親去世，希特勒重返維也納繼續自己的畫家夢。可沒過多久，他就用完了父親留下的遺產，只好過著流浪的生活，這倒讓他結識了不少三教九流的人物。

∧1928年9月的慕尼黑街頭，四個穿著納粹黨服裝的青年一本正經地行著納粹的標準禮，年長的嚴肅而沉默，年少的則掩飾不住滿心的歡喜。此時他們並不知道這種「信仰」會帶給他們怎樣的災難。

1913年，希特勒懷著對大德意志民族的狂熱情緒移居慕尼黑。1914年，第一次世界大戰爆發，希特勒喜不自禁，立即上書巴伐利亞國王，懇求國王批准他加入巴伐利亞軍隊。8月4日，希特勒獲准作為志願兵加入了巴伐利亞步兵師，成了一名傳令兵。不久，希特勒因功晉升為下士，還獲得過兩枚獎章。在後來的戰鬥中，希特勒兩次負傷，第一次是被子彈擊中腿部，第二次則是受到英軍的毒氣攻擊，造成了雙眼暫時失明。「一戰」結束後，年滿30歲的希特勒被陸軍部看中，調往陸軍政治部新聞局工作。1919年9月的某一天，希特勒被陸軍政治部派往了慕尼黑，調查一個名為「德國工人黨」的政治團體。正是這次調查改變了希特勒的人生軌跡，他第一次展現了自己的演講才能，將一位鼓吹將巴伐利亞從德國分裂出去的教授罵得狗血淋頭。會議結束後，德國工人黨的負責人將一份入黨宣傳冊遞給了希特勒。經過幾天的思考，希特勒最終決定加入德國工人黨。就這樣，希特勒成為該黨第55名黨員和主席團第7名委員。

天生黨棍

加入德國工人黨後，希特勒感覺命運的大門向他打開，他決定用自己的政治理念「改造」工人黨。1920年，工人黨召開了46次大型集會，希特勒在其中的31次集會上發表了演說，他戲劇性的表情、煽動性的排比語句、激昂的情緒和誇張的肢體語言讓很多德國人在「熱情」中喪失了理智。由於在發展黨員方面表現突出，希特勒在工人黨內的地位急速上升，很快就被主席團任命為宣傳部部長。1920年2月，希特勒和工人黨主席安東・德萊克斯勒等人共同制定了工人黨的綱領性文件——《二十五點綱領》。為了贏得中下層民眾的支持，希特勒舉起了「民族主義」和「社會主義」兩桿大旗，德國工人黨也正式改名為「民族社會主義德國工人黨」，也就是後來的納粹黨。

1920年3月，希特勒被解除了軍職，他開始將全部精力投入到納粹黨的「建設」中。自詡藝術細胞出眾的他為納粹黨設計了「卐」字旗，這個旗幟在1935年之後成為納粹德國的國旗。有了綱領，有了旗幟，希特勒還不滿足，他唆使納粹黨買下了一家瀕臨破產的報紙——《人民觀察家報》，又組織一大批退伍軍人成立了名為「衝鋒隊」的打手組織。就這樣，納粹黨開始從地區性政黨向國家性政黨發展，黨員數量從數十人猛增到數千人。1921年7月，在納粹黨內的大會上，希特勒被推選為主席。他修改了黨章，撤銷了委員會，廢除選舉制，納粹黨的各級領導不再由成員選舉，而是由領袖，也就是希特勒自己任命。不久，希特勒自任為納粹黨的元首，納粹黨成了他個人意志的產物。

VISIBLE HISTORY OF THE WORLD

關鍵字：暴動

「啤酒館」暴動

■ 1923年

德國一向有「啤酒王國」之稱，而巴伐利亞地區則是德國的「啤酒之鄉」。巴伐利亞地區的男女老少平均每人每年喝掉的啤酒達230升，啤酒館的數量也在萬家左右。1923年，在巴伐利亞的首府慕尼黑的一家啤酒館中，希特勒和他的納粹黨策劃了一場巨大的陰謀。

魯爾危機

1923年1月，因為威瑪共和國無力支付當年的戰爭賠款，法國和比利時軍隊開進了德國的魯爾工業區，一場災難性的危機出現了。原本就因為《凡爾賽和約》而感到屈辱的德國人更加憤怒，魯爾工業區的工人舉行了大罷工，德國的經濟徹底停擺了。在此後短短的8個月裡，德國的失業工人從100萬猛增到500萬，通貨膨脹達到了前所未有的程度，馬克徹底變成了孩子們堆積木的玩具。飢餓的老百姓舉行了聲勢浩大的遊行示威，威瑪共和國在內憂

^ 希特勒口述的《我的奮鬥》一書，在書的封面上赫然印著黨衛隊的「SS」標記。

外患中搖搖欲墜。對於老百姓來說，魯爾危機是千年不遇的劫難；而對於野心家來說，魯爾危機卻是千年不遇的「良機」。一直在暗處坐觀時局變換的希特勒對這樣的局面欣喜若狂，他覺得是納粹黨進入歷史舞臺的時候了！按照希特勒的計畫，依靠納粹黨在巴伐利亞地區的數萬黨員先控制慕尼黑，然後再進軍柏林，那麼德國的天下便盡在他的掌握之中了。為了壯大政變的聲勢，希特勒決定挾持巴伐利亞地區的軍政頭目和自己一起動手。

v 啤酒館外的希特勒

希特勒與他的黨徒們在啤酒館的外面集合，站在他左邊的是被稱為納粹黨「思想領袖」的阿佛烈．羅森堡，右邊則是希特勒當時的助手弗里德里希．韋伯。希特勒本人一手叉著腰，一手緊張地抓著自己的禮帽，他的雙眼怒視著前方，彷彿那是他奪權障礙的所在。

啤酒館的槍聲

1923年11月8日晚，巴伐利亞行政長官馮．卡爾、駐軍司令馮．洛索夫將軍和地區警察局局長馮．賽塞爾上校都來到了慕尼黑南郊的比格布勞凱勒啤酒館，出席在這裡舉行的一個集會。得知這個

消息後，希特勒決定當晚動手。當天晚上8點多，正當卡爾先生在啤酒館中滔滔不絕地發表演說時，希特勒率領著他的衝鋒隊衝進了酒館，沒等人們反應過來，凶神惡煞的衝鋒隊已經在門口架起了機關槍，整個酒館許進不許出。然後，一臉興奮的希特勒在戈林、赫斯等人的簇擁下登上了講臺。希特勒用興奮到發顫的聲音吼道：「全國性的革命已經開始了！巴伐利亞政府和全國政府已經被推翻，國防軍駐地和警察局已經被我們占領，軍隊和警察正在『卐』字旗的指揮下前進。」這篇講話摻了太多的水分，衝鋒隊只是占領了當地的陸軍司令部，火車站、電報局和政府大廈這些重要機關還在地方政府的掌控之中。可慌亂中的人們沒有時間辨別真偽，只能眼睜睜地看著三位政府高官被希特勒帶進了隔壁的房間。

三位心驚膽戰的高官剛一進入房間，希特勒就要求他們「入夥」。可不論是利誘還是威脅，三位政客就是不肯加入希特勒的「臨時政府」。被逼無奈的希特勒只好請德國軍界的重量級人物魯登道夫來當說客。隨即，卡爾等人表示願意和希特勒合作。就在希特勒以為大事已成的時候，三位政客卻從啤酒館溜走了，他們不但宣稱被迫發表的聲明一概無效，還調集了當地駐軍準備鎮壓納粹黨。

1月9日上午，孤注一擲的希特勒、魯登道夫等人率領3000多人的衝鋒隊向市中心進發。當他們的隊伍剛剛接近陸軍大樓的時候，警察開槍了，16名納粹黨徒被擊斃，魯登道夫當場被捕，希特勒則趁亂逃離現場。兩天後，他在藏身之地落網，戈林、赫斯等人逃往奧地利，希特勒處心積慮發動的啤酒館暴動徹底失敗了。1924年，巴伐利亞的特別法院做出相關判決，希特勒被輕判為5年徒刑（實際上他在監獄裡待了不到7個月）。1924年4月，希特勒被送往慕尼黑以西的蘭茨貝格要塞監獄。在獄中，希特勒口述完成了日後臭名昭著的「作品」──《我的奮鬥》一書。同年12月，希特勒被釋放出獄。經歷過這樣的「磨難」，希特勒變得更加狡猾，他重建了納粹黨，走上了選舉奪權的「合法」道路。

VISIBLE HISTORY OF THE WORLD

關鍵字：獨裁

狂人上臺

■ 1933年

啤酒館暴動的失敗並沒有打消希特勒的野心，從監獄的單人房間出來的他以卓越的演技騙取了重建納粹黨的機會。然後，他在1929年的世界性經濟危機中以無數動聽的謊言欺騙了德國民眾，最終登上了政壇的最高峰。正是他的上臺，宣告德國成為獨裁者的「熱土」，戰爭的陰霾即將籠罩整個歐洲大陸。

重建納粹黨

1924年12月，服刑滿6個月的希特勒被假釋出獄。此時的納粹黨已經是一片慘澹的局面，這個政黨已經被巴伐利亞地方政府取締，黨內的大小頭目要嘛逃亡在外，要嘛回家過起了安穩的日子。野心勃勃的希特勒不但沒有灰心，反而更加老練地玩弄起了政治權

<1930年10月13日，107名新當選的納粹議員們在出席國會會議之前，向他們的首領希特勒宣誓效忠。希特勒穿一身黑色西服，處於最顯眼的位置，其他人大都身著衝鋒隊的褐色制服，在左臂上都佩戴著特有的納粹「卐」字袖標。

術。出獄後的第二周，他就登門拜訪了巴伐利亞地區的總理海因里希・赫爾德，表示自己一定痛改前非，好好做人。這番表演讓赫爾德覺得希特勒知道循規蹈矩了，就撤銷了對納粹黨及其黨報《人民觀察家報》的取締令。1925年2月26日，《人民觀察家報》正式復刊。第二天，希特勒宣布重建納粹黨。

^1933年1月，希特勒從總統興登堡手中接過了總理印章，成為德國事實上的獨裁者。

騙來了解禁令，希特勒開始重建他的納粹黨。他將那些不服從他的頭目們驅逐出黨，然後將整個德國劃分為34個選區，每個選區任命一個效忠於他的區領袖，這些區領袖再在轄區內發展自己的屬下。就這樣，納粹黨的黨員數量從1925年的不足2萬人迅速擴充到了1929年的將近20萬人，納粹黨的勢力可以直達慕尼黑或者柏林的每一條街道。此外，希特勒還大肆發展自己的「地下力量」，一向以「納粹黨的常備軍」自居的衝鋒隊擴充到了幾十萬人，人數甚至超過了德國國防軍。而在衝鋒隊之外，希特勒還組建了臭名昭著的黨衛隊，這個負責保衛希特勒的組織受希特勒的直接指揮，隊員必須宣誓效忠他本人。做好了這些準備，希特勒開始和他的爪牙們迎接即將到來的大選。

獨裁前奏

此時當政的威瑪共和國總統是原第二帝國的陸軍元帥興登堡。在前文我們提到過，此人是屬於老

^ 20世紀30年代德國反猶太主義繪畫

整幅畫表現了德國兒童看到猶太師生被趕出學校而手舞足蹈的場面。該畫為納粹畫家尤利烏斯．施特萊徹所繪，此人後來被紐倫堡國際軍事法庭判處絞刑。

字號的軍國主義分子，就在「一戰」結束之後，興登堡便順勢和艾伯特政府「合作」，幫助艾伯特鎮壓了十一月革命。1925年艾伯特病逝後，興登堡當選為威瑪共和國的第二任總統。面對這樣一位權欲極強、手腕極硬的「右翼老前輩」，納粹黨的第一次參選幾乎是慘敗而歸。他們雖然進入了議會，但只有希特勒、戈林、戈培爾等12人當選為議員，這樣的席位頂多算個底層的在野黨。

就在納粹黨為1928年大選的慘敗懊惱不已的時候，一場世界性的經濟危機幫了他們大忙。1929年10月24日，美國華爾街的金融市場出現了可怕的崩潰，那些瀕臨破產的美國銀行紛紛從德國收回了他們的貸款。這無異於釜底抽薪的變化讓大量的德國工廠倒閉，領取失業救濟金的人數超過了800萬，德國的經濟脈搏比垂死的病人好不了多少。為了應對這種局面，興登堡宣布國家進入緊急狀態，確立了「總統內閣」，即總統凌駕於國會之上，總統擁有解散國會、任免總理等權力。為了讓大資本家滿意，興登堡政府還將大量的資金借貸給資本家，而老百姓的失業救濟則一降再降。此時的德國如同一座活躍的火山，噴發只是個時間問題。

眼看政府遇到了這麼大的危機，希特勒內心卻是無比得意，他知道這是他上臺的絕佳機會。為了爭取中小資產階級、農民、工人以及知識分子的支持，納粹黨的宣傳喉舌戈培爾為希特勒安排了一個繁忙的競選日程。希特勒乘坐飛機或者火車從一座城市趕往另一座城市，從一個會場趕到另一個會場，一周之內居然跑了20座城市。每到一處，希特勒都面對不同的社會階層，許下不同的「美好諾言」，而「麵包與工作」則是他的主要承諾。1930年的大選中，黨員人數超過80萬的納粹黨獲得了18.3%的選票和107個議席，一舉成為國會中的第二大黨，希特勒也從一個小囚徒變成了政壇上的大人物。

權力頂峰

按說以納粹黨在選民中如日中天的勢頭，拿下總統寶座應該不成問題。可興登堡還是在1932年的總統選舉中力壓希特勒，成功連任。看到

v 照片拍攝於1933年4月1日的德國柏林，身穿褐色制服的衝鋒隊隊員胸前掛著標語，上面寫著：「德國人要保衛自己，不要買猶太人的東西！」在他們身後是一家不得不關門的猶太人商店。

興登堡總是擋自己的路，一些納粹黨頭目就暗中動員衝鋒隊，準備發動武裝政變。衝鋒隊的小動作很快被政府察覺，興登堡當即簽署了取締衝鋒隊的命令。對啤酒館暴動心有餘悸的希特勒看著興登堡背後躍躍欲試的國防軍，最終還是選擇了妥協，但衝鋒隊還是牢牢地控制在納粹黨的手中。就在此時，德國政壇波瀾叢生，幾屆內閣紛紛倒臺，這讓興登堡傷透了腦筋。這時，18家在幕後操縱德國經濟命脈的壟斷財閥聯名給興登堡寫了一封信，要求讓希特勒組織內閣。無奈之下，84歲的興登堡只好在1933年1月30日任命希特勒為國家總理，納粹黨初步掌握了國家政權。

希特勒對這個任命並不滿意，他的內閣中只有3名納粹黨黨員，而且他的副總理馮・巴本還和興登堡關係密切，這種尷尬的身分顯然不是他想要的。就在希特勒苦思該如何掌握更大的權力時，一場早有預謀的縱火案幫了他的忙。1933年2月27日，柏林帝國大廈燃起了大火，預先埋伏在那裡的衝鋒隊「恰巧」在現場逮捕了縱火犯。隨後，希特勒對外宣布，這名縱火犯是荷蘭籍的「共產黨人」，這是左翼力量「暴動」的信號。在興登堡的支持下，政府實行了《保護人民和國家法》，蓋世太保傾巢出動，抓捕了2.5萬人，其中4000多人為共產黨員，其他人則是對納粹黨不滿的人士。在這樣的白色恐怖下，希特勒下令重新選舉，納粹黨在國會中的席位增加到288席。3月23日，被納粹黨控制的國會通過了《授權法案》。按照這個法案，希特勒有權違反憲法，有權制定法律而無須經過國會同意，這樣一來，國會就成了擺設，希特勒成為實際意義上的獨裁者，威瑪共和國也在這個時刻壽終正寢。

希特勒上臺後，制定了一系列的法律來加強自己的獨裁地位。1933年3月31日，希特勒公布了《各邦與帝國一體化法令》，結束了德國各邦的自治權力；7月，公布了禁止組織新政黨的法令，納粹黨成了德國國內唯一合法的政黨，非納粹黨人士被迫退出內閣。此後，希特勒還在1933年6月30日清洗了和自己貌合神離的衝鋒隊，衝鋒隊的高級頭目被一一清除，這讓對衝鋒隊一直耿耿於懷的國防軍喜出望外，他們也開始向希特勒靠攏。1934年8月1日，總統興登堡病逝，納粹黨的最後一塊「心病」也去掉了。希特勒兼任了德國總統，他將總統與總理兩個職務合二為一，擁有了國家元首和武裝力量統帥的權力，可以無限期地連任，再也沒有什麼事情或人物能阻止希特勒成為一個實至名歸的獨裁者了。

戰爭的序幕

希特勒當上總理後不久，就將國家的絕大部分儲蓄投入到了軍隊的建設中，甚至還喊出了「一切工業活動都要以恢復德國軍隊的戰鬥力為前提」的口號。1934年9月底，希特勒下達了重整軍備的命令，要求將德國國防軍從10萬人擴充到30萬人。這個計畫引起了西方國家的強烈反應，英、法、意都提出了強烈抗議。可這3個國家中除了法國對德國有著刻骨

v 開進科隆的德國軍隊

按照《凡爾賽和約》的規定，身為戰敗國的德國禁止在萊茵河西岸50公里範圍內駐軍。然而對於希特勒來說，這是他絕不能接受的。1936年3月7日，在希特勒的指使下，3個佇列整齊、正步前進的德國步兵營公然開進了萊茵河西岸的非軍事區。與此同時，德國外長諾伊拉特也召見了英法兩國的駐德大使，向他們提交了一份趾高氣揚的照會，公然宣稱「德國將不再接受那個過時條約的約束。」後來的事實證明，希特勒再次贏得了一場孤注一擲的賭博，英法兩國都表示了抗議，但誰都沒有採取任何實際行動。

^1937年，法國報紙刊登的關於希特勒和墨索里尼的漫畫。

銘心的仇恨外，其他兩個國家都是「雷聲大，雨點小」，英國甚至還與德國簽訂了《英德海軍協定》，允許德國在一定限度內恢復海軍。1936年3月7日，得寸進尺的希特勒不顧《凡爾賽和約》的規定，派出3萬德軍開進了萊茵非軍事區，還沿著德國西部邊界修建了長達500公里的防禦工事。英、法兩國除了警告和抗議，還是沒有採取任何切實的懲罰措施。面對這種情況，希特勒更加膽大妄為。1936年11月，德日簽訂了《反共產國際協定》，1937年11月，義大利又加入了這個協定。這樣一來，德、意、日三國正式結成了法西斯集團。

有了日本和義大利的加盟，希特勒開始了對外擴張。1938年3月12日，在奧地利親納粹分子的幫助下，幾十萬德軍兵不血刃地占領了奧地利，希特勒走出了他對外侵略擴張的第一步。這個明目張膽的侵略行為被英、法所忽視，只有蘇聯發表聲明譴責了這種侵略行徑。吞併了奧地利之後，希特勒又將目標瞄準了捷克斯洛伐克，他算準了英、法不願為捷克斯洛伐克承擔戰爭風險，就以戰爭威脅捷克斯洛伐克。英、法果然幫著希特勒脅迫當地政府簽署了《慕尼黑協定》，德國一槍未發地奪取了捷克斯洛伐克的蘇台德地區。1939年3月，德軍占領了捷克斯洛伐克全境。然而希特勒並沒有滿足，他迫切地希望發動一場歐洲大戰，為他的第三帝國開闢一個生存空間。

VISIBLE HISTORY OF THE WORLD

關鍵字：保護人民和國家法

國會縱火案

▪ 1933年2月27日

1933年2月27日，喧鬧了一天的柏林漸漸安靜下來，納粹政府的高官們也開始了自己的夜生活：希特勒來到了戈培爾家做客，副總理馮・巴本正在出席歡迎總統興登堡的晚宴，赫爾曼・戈林則還在自己的辦公室中加班……就在此時，德國國會大廈裡突然燃起了熊熊大火。在這場大火之後，納粹黨徹底控制了整個德國，將世界帶入了一個血腥、黑暗的時代。

禍起火災

1933年2月27日夜裡，柏林市的共和廣場響起了尖銳的警報聲，十幾輛消防車呼嘯而過，目標直指廣場附近的帝國國會大廈。這時的國會大廈已經是濃煙滾滾，凶猛的火舌不斷從俾斯麥廳和議會大廳的視窗竄出。雖然人高馬大的消防員全力救火，但大火還是燃燒了將近兩個鐘頭，國會大廈的圓頂被燒毀，議會大廳也遭到了嚴重的破壞。就在人們忙著滅火的同時，「聞訊趕來」的衝鋒隊也「湊巧」地在現場抓住了一個名叫盧貝的縱火者，還從他的身上搜出了一些共產黨傳單和一本荷蘭護照。緊接著，國會議長戈林趕到了現場，當衝鋒隊成員向他報告完縱火者可能是荷蘭籍的共產黨員後，議長先生表現得興奮無比，他跳著腳大罵道：「這是共產黨反對新政府的暴行，是時候讓他們徹底地閉嘴了！」10時20分，希特勒和戈培爾也趕到了現場，雙眼放光的戈林向他們簡單介紹了情況。希特勒感覺到這是一個排除異己、打擊左翼力量的「良機」，這位總理大叫道：「這是上天保佑德國，歷史上的偉大轉折即將到來了！諸位，你們馬上就會看到的！」

暴力打壓

希特勒嘴上雖然喊著「上天保佑德國」，其實他心裡喊的卻是「上天保佑納粹黨」。在1933年1

v 柏林國會大廈

柏林國會大廈興建於1884年至1894年，是設計師保羅・瓦洛特為德國的帝國議會而設計的建築。1933年2月27日國會大廈失火，納粹黨趁機利用所謂「國會縱火案」大肆迫害共產黨和反納粹人士。第二次世界大戰中，國會大廈遭到了嚴重的毀壞。1961年至1971年間，國會大廈進行了重建，去掉了1945年被炸掉的大廈圓頂部分。德國統一之後，德國聯邦議會重新遷入了這座大廈之中。

月30日希特勒宣誓就職總理之時，他就面臨一個重大的「難題」：納粹黨雖然是議會第一大黨，但在內閣中只有3名部長來自納粹黨，而國家的柱石──國防軍還是總統興登堡的「御用武裝」。希特勒要想在短時間內獨攬大權，就必須利用憲法中「如果面臨某些突然事件，總理在獲得國會三分之二的支持後，可以在一定期限內掌握國家大權」的規定。現在國會大廈被燒，這不正是他渴望的機會嗎？

2月28日，也就是縱火案發生後的第二天，希特勒就促使總統興登堡簽署了《保護人民和國家法》，這個法令賦予了政府任意逮捕公民的權力。有了這個法令，納粹黨傾巢出動，按照早已擬定好的名單大肆逮捕自己的「政敵」。在這個瘋狂的搜捕行動中，大約有2.5萬人被逮捕，德國共產黨主席恩斯特・台爾曼和共產國際西歐局領導、保加利亞共產黨主席季米特洛夫等人相繼落入魔掌。除了德國共產黨外，社會民主黨、反納粹人士和自由主義者也遭到了逮捕和扣押，工會組織被取締，除納粹黨的機關報外，其他報刊一律停刊，整個國家籠罩在一片恐怖的氣氛之中。

萊比錫的審判

就在希特勒打擊異己、暴力奪權的同時，一場荒誕的「國會縱火案」大審判也在萊比錫舉行了。9月21日，在德國最高法院刑事法庭的「主持」下，縱火者盧貝與另外4名被告──最後一個離開國會大廈的德國共產黨議員托格勒、3名保加利亞共產黨員季米特洛夫、泰涅夫與波波夫一同出庭受審。

為了給世人塑造一個「公平審判」的形象，納粹黨特意「邀請」了82名記者旁聽審判，還在法庭附近特設了一個郵電局，以方便記者發稿，甚至還將廣播設備搬進了法庭進行現場直播。但納粹政府沒想到自己的行為卻搬起石頭砸了自己的腳。在審判的過程中，盧貝堅決表示自己並不是共產黨員，還否認認識另外4名被告，並堅稱自己放火沒有受到任何人的指使。自行辯護的季米特洛夫也在法庭上慷慨陳詞，他在第一天出場時就明確指出：「我是一個無產階級革命家，也正因為如此，我不是一個恐怖主義冒險家，不是陰謀家，不是所謂的政變組織者，更不是縱火者……。」眼看自己在審判中占不到任何便宜，議長戈林先生作為證人出席審判。可面對季米特洛夫的機智質疑和鐵一般的事實，議長先生屢屢失態，居然大聲咆哮道：「滾出去，你這個混蛋！」和納粹黨人的可笑表現不同，季米特洛夫在法庭上始終表現出了一種「令人佩服的大氣態

v1933年11月23日，德國萊比錫的「國會大廈縱火案」審判現場。左起站立的第一人就是納粹黨抓住的「縱火案嫌犯」盧貝。

度」，一些記者稱他為「可敬的智者」。隨著審判的進行，越來越多的德國人感覺到這場審判是「充滿了矛盾、混亂和謊言的大雜燴」。

萊比錫的審判進行了3個月，納粹黨最終也未能達到往共產黨身上潑污水的目的。12月23日，法庭宣布托格勒、季米特洛夫、波波夫、泰涅夫無罪，而被告盧貝則犯有叛逆罪和縱火罪，被判處死刑。1934年1月7日，盧貝在萊比錫被執行絞刑。至此，萊比錫審判總算暫時得以了結。

然而事情並沒有結束。英國的一家報紙在審判期間刊載了一篇名為《國會縱火案真相》的文章，文章認為是納粹黨策劃了國會縱火案，而直接的指揮者就是戈林和戈培爾。文章認為納粹黨唆使盧貝在國會大廈放火的同時，派出衝鋒隊的成員透過戈林住所下的祕密通道進入了國會大廈，灑上汽油點完火之後又按原路返回。否則國會大廈的大火絕對不會燃燒兩個小時而無法撲滅。這篇文章在當時引起了很大的反響。

第二次世界大戰結束後，同盟國在紐倫堡進行了戰犯審判，不少納粹高官的證言更是讓人們接近了歷史的真相。當時曾在普魯士內政部供職的吉斯維烏斯就作證說：「最初想到放火燒國會的是戈培爾。」曾任祕密警察頭子的魯道夫・迪爾斯也在供詞中說道：「戈林事先肯定知道起火的時間，因為他在起火之前就命令我準備好一批需要逮捕的名單。」曾任德軍總參謀長的哈爾德將軍回憶說：「在1942年的一次宴會上，戈林曾經說真正了解國會大廈的就是他自己，因為是他放火燒掉了國會大廈！」1968年，當時的聯邦德國總理布蘭特下令成立了一個調查組織，這個組織用大量的史料和確鑿的證據證明「國會縱火案」是納粹黨所為。1979年，盧貝的哥哥向聯邦德國最高法院提請重新審理縱火案。1980年12月，聯邦德國最高法院正式宣布當時對盧貝的判決無效。至此，「國會縱火案」的真相總算是大白於天下了。

關鍵字：祕密警察

「帝國屠夫」蓋世太保

▪ 1933年～1945年

蓋世太保是德語「國家祕密警察」（Geheime Staatspolizei）的縮寫Gestapo的音譯，這個殘暴的組織從它誕生的那一天起，就充滿了血腥的味道。它無所不在、無所不為，大半個歐洲都曾在它的皮靴下顫抖。成千上萬的人被這些「黑色制服」監視、跟蹤，上百萬人被投入了有進無出的集中營。毫不誇張地說，蓋世太保是希特勒和第三帝國「培育」出的一顆「恐怖毒瘤」。

始作俑者

即便是在今天，那些經歷過「二戰」風雲的老人們提起蓋世太保這四個字，都會膽戰心驚，揮之不去的恐懼已經永遠地留在了他們的記憶深處。那究竟是誰打造了這樣一個罪惡的組織的呢？他就是

v 位於柏林的蓋世太保總部舊址

納粹黨的二號人物——赫爾曼・戈林。

戈林是納粹黨建黨時期的元老人物，他和希特勒一樣，都參加過第一次世界大戰。不過戈林顯然更風光一些，他不但是一位赫赫有名的王牌飛行員，還擔任過「紅色中隊」的指揮官，官拜上尉軍銜。在啤酒館暴動中，戈林帶領著一干爪牙衝鋒在前，出了不少風頭。不過這位前王牌飛行員在地面上的運氣實在太差，不但被子彈擊中，還被慕尼黑警察局通緝。無奈之下，戈林只好躲到了奧地利。1927年，政府大赦納粹黨徒，戈林這才回到了慕尼黑，重返了納粹黨。1933年，希特勒擔任德國總理後，任命戈林為不管部長，同時兼任普魯士內政部長。大權在握後，戈林做的第一件事，就是控制普魯士的警察局，他在警察局內進行了一次大清洗，開除了所有反對納粹獨裁的警員，清一色的納粹黨徒被安插進了警察局。然而戈林對此仍不滿意，他希望自己手下的警察能夠在政治方面給予反納粹人士更大的打擊，於是一個建立祕密警察組織的想法在他的腦海中形成了。

其實在納粹黨上臺之前，德國政府機構中就存在著祕密警察這種組織。當時的祕密警察組織由柏林市警察局長馮・勒韋楚掌管，監視任何會危害到政府的組織或個人，其中的一個重要任務就是制止納粹衝鋒隊無法無天的行為。希特勒上臺後，很快解除了勒韋楚的職務。現在，戈林發現勒韋楚局長轄下的這個組織真是太完美了，太符合他的需要了。因此，戈林把勒韋楚的組織劃分到自己直接掌管的普魯士內政部，與政治警察、諜報警察和刑事警察中的政治特別部門合併，組成了新的祕密警察處。一個奉命為祕密警察設計免費郵票的職員提議把祕密警察叫做國家祕密警察，簡稱「蓋世太保」（Gestapo）。就這樣，一個令人談之變色的組織誕生了。1933年4月26日，當時身為普魯士內政部長的戈林正式公布了建立祕密警察的法令。根據這項法令，普魯士的每個區都要建立國家祕密警察分局，它們直接隸屬於柏林總局。

搶班奪權

就在戈林為自己多了一個強有力的爪牙而沾沾自喜的時候，他並不知道在角落裡已經有人盯上了蓋世太保這塊「肥肉」。這個敢和戈林「叫板」的人就是海因里希・希姆萊。希姆萊是「御林軍」黨衛隊的全國副領袖，希特勒身邊的紅人，身材瘦小、戴著金絲眼鏡的他同樣是個野心勃勃、心狠手辣的傢伙。一時間，圍繞著蓋世太保的歸屬，戈林和希姆萊之間開始了一場明爭暗鬥，戈林牢牢地控制著普魯士地區，希姆萊則在慕尼黑、漢堡和巴登建立了「根據地」，兩人誰也吃不掉誰。

v 1933年，一部分蓋世太保與臭名昭著的希姆萊（前排左四）合影

1933年的希姆萊先後出任慕尼黑警察局長、巴伐利亞政治警察總監和德國政治警察部隊（普魯士除外）司令。第二年四月，他又成為普魯士警察總監和蓋世太保首腦。在希姆萊的領導下，蓋世太保成為一個無所不在、無所不為的恐怖統治機構。

事情照這麼發展下去，還真難說蓋世太保會成為誰的禁臠。可驕橫的戈林平時樹敵太多，他和納粹黨的另一巨頭、衝鋒隊的羅姆也產生了矛盾。為了不讓自己成為孤家寡人，戈林最終決定讓出蓋世太保的控制權，以換取希姆萊的支援。戈林的示好讓希姆萊欣喜若狂，他知道自己又向權力的最高峰邁進了一步。1934年4月，希姆萊出任普魯士警察總監，成了蓋世太保的「大老闆」（直到1936年之前，名義上戈林雖然還是蓋世太保的領導人，但希姆萊實際上已經掌控了蓋世太保）。上任之後，希姆萊任命後來以「劊子手」綽號聞名的黨衛隊保安處處長萊因哈德·海德里希為蓋世太保副首領。在海德里希的努力下，蓋世太保得到了迅速擴張，僅柏林地區就從1933年的100多人擴充到了1935年的700多人，而整個德國的祕密警察更是多達3萬人，被他們雇傭的兼職密探更是以十萬計算，所有人都在蓋世太保的監視下生活，父子不相親，夫妻不相信，沒人知道自己身邊誰會是告密者。

v 黨衛隊保安處處長萊因哈特·海德里希

作為納粹黨最忠實的鷹犬，海德里希即便是參加擊劍運動時，也沒有忘記在白色的訓練服上佩戴黨衛隊的「SS」標誌。

然而這樣的「業績」還不能讓希姆萊和海德里希滿意，在他們的「努力」下，納粹政府又實行了兩條專門保護蓋世太保的法律。第一條叫「預防性逮捕權」，就是說不論對方是誰，不論有沒有證據，只要有可能觸犯納粹黨的利益一律先抓起來再說；第二條叫「祕密警察無刑責」，蓋世太保的人員可以為所欲為，不管犯了什麼法，法院也無權限制他們的行為。這兩條法令給了蓋世太保為非作歹的「許可證」，一時間，蓋世太保變成了他們元首肩膀上的一隻禿鷲，他們只服從希特勒、希姆萊等人的命令，而其他德國人則必須服從他們的命令，法律徹底變成了擺設。

剷除異己

蓋世太保在鎮壓人民時衝鋒在前，同時，他們也在搞納粹黨的內部鬥爭。一旦有人妨礙到納粹黨的統治，只要希特勒一聲令下，蓋世太保都會把死亡散布給對方，血洗衝鋒隊和鎮壓陸軍軍官團就是其中典型的代表。

衝鋒隊是納粹黨最早成立的軍事組織，這個組織頭目是希特勒的老戰友羅姆。在納粹黨發展的初期，羅姆一直是希特勒的心腹。納粹黨當權後，狂妄自大的羅姆野心不斷膨脹，不但想把國防軍收入自己的囊中，還和戈林、戈培爾、希姆萊等人起了衝突。一次羅姆在酒醉之後，居然對手下說：「至少要把元首這個無知之徒送去休假。」這件事很快就被蓋世太保報告給了希特勒。1934年6月30日的一個清晨，蓋世太保包圍了羅姆的住處，解除了羅姆及其衛隊的武裝。隨後，在希特勒的指揮下，蓋世太保對衝鋒隊進行了大清洗。同時，按照事先擬定好的名單，蓋世太保一天之內處決了上千人，其中包括羅姆本人、曾任國防部長和內閣總理的施萊謝爾以及多名政府高官，這就是德國歷史上著名的「長刀之夜」。

結束了對衝鋒隊的血腥清洗後，蓋世太保又盯上了和希特勒貌合神離的陸軍軍官團。當時的德國陸軍中威望最高的3個人分別是戰爭部長維爾納・馮・勃洛姆堡元帥，陸軍總司令威爾納・馮・弗里奇上將、陸軍參謀總長路德維希・貝克上將。為了達到控制陸軍的目的，蓋世太保制定了一個搞臭元帥和上將的計畫。1937年，喪偶多年的勃洛姆堡元帥和一個叫伊娃的年輕姑娘結婚。蓋世太保圍繞這個姑娘展開了調查，他們發現伊娃曾經當過妓女並且還拍過裸照。這種把柄落在蓋世太保的手裡，元帥大人的軍事生涯也算到頭了。很快，事情被捅到了新聞界，勃洛姆堡元帥就這樣不體面地丟掉了軍職。緊接著，蓋世太保找到了一位名叫漢斯・施密特的同性戀者。在威逼利誘之下，這個男人「承認」弗里奇上將曾經是自己的入幕之賓，這樣軍中的二號人物、陸軍總司令也被迫辭職。與此同時，希特勒對軍隊進行了大調整，40多名高級將領或被強令退休或被調離職務，希特勒在蓋世太保的幫助下完全掌握了軍隊。

侵略魔手

1938年初，蓋世太保又開始為希特勒的擴張出力。德軍開進維也納時，希姆萊指揮蓋世太保清洗維也納的反對黨；德國侵占捷克斯洛伐克時，蓋世太保已經滲透到蘇台德地區，搜集情報，挑動暴亂，一手促成了蘇台德地區的分裂。1939年8月30日，蓋世太保還製造了所謂「波軍士兵襲擊德國廣播電臺」的事件，為德軍入侵波蘭製造了藉口。

第二次世界大戰爆發之後，大批蓋世太保隨德國國防軍一同進入占領區，建立了眾多輔助部隊，這些部隊全部聽命於蓋世太保，成為其機構的一部分。至此，蓋世太保在歐洲占領區內開始了恐怖統治。蓋世太保除了在占領區取締「危險組織」、抓捕「危險人物」外，還充當「新秩序」的建立者。在波蘭、捷克斯洛伐克，蓋世太保每到達一個市鎮或村莊，便以「重新安置」為名集合當地的猶太人。猶太人被勒令交出貴重物品，脫掉外衣，集體送往集中營或直接被押往刑場槍殺，其狀慘不忍睹。在進攻蘇聯時，蓋世太保成立了「A、B、C、D」4個特別行動隊，跟隨陸軍戰鬥部隊執行「最後解決」命令——屠殺猶太人和蘇軍戰俘。1941年夏天，蓋世太保又和黨衛隊展開了合作，在東歐建立了奧斯威辛、毛特豪森、索比堡等30餘個集中營，關押來自荷蘭、比利時、法國、挪威、波蘭等地的數百萬猶太人。其中設在波蘭境內的奧斯威辛集中營一天就毒死了6萬人。在整個第二次世界大戰中，被屠殺的猶太人約為570萬，約占當時歐洲猶太人總數的一半，而直接死於蓋世太保之手的猶太人就有上百萬人。

當蓋世太保的罪惡達到人神共憤的程度時，他們的末日也到來了。1942年5月，蓋世太保的「頂梁柱」海德里希被捷克斯洛伐克的抵抗組織炸死。1945年，蓋世太保的兩任領導者戈林和希姆萊先後被捕。在紐倫堡國際軍事法庭判處他們死刑之後，兩人在獄中自殺身亡。1962年6月1日，最後一個存活的蓋世太保高級頭目阿道夫·艾希曼在以色列的拉米監獄被絞死。至此，蓋世太保這個血債累累的組織中的絕大多數人都得到了應有的下場。

v 寫日記的少女

安妮·法蘭克是一名猶太少女，她和家人原本居住在德國的法蘭克福市。納粹黨掌握政權後，開始對猶太民族進行迫害，安妮全家遷移至荷蘭阿姆斯特丹避難。1944年8月4日，蓋世太保突然逮捕了安妮一家。一年後，這位少女死在了德國人的集中營裡。二戰結束後，安妮的父親僥倖逃生，他將女兒的日記整理出版，名為《安妮日記》。迄今為止，這本日記已被譯成55種文字在全球發行了3000萬冊，成為人類共同的精神遺產。

VISIBLE HISTORY OF THE WORLD

關鍵字：綏靖政策

慕尼黑陰謀

■ 1938年9月

1938年9月30日，在倫敦唐寧街10號，剛從慕尼黑回到倫敦的英國首相張伯倫手中揮舞著剛剛簽訂的《慕尼黑協定》，向歡呼的人群説道：「這是我們第二次把光榮的和平從德國帶回到唐寧街來，我相信這是我們時代的和平。」其實這位首相大人並不知道，他口中所謂的「和平」不過是一個大陰謀的開始。

掃除障礙

1938年3月12日，幾十萬德軍越過德國和奧地利邊境，兵不血刃地開進了奧地利的首都維也納。第二天，希特勒乘飛機來到了這座他曾經流浪賣藝的城市，簽署了《德奧合併協定》，奧地利成為第三帝國的「東方省」。然而一個奧地利並不能滿足希特勒的胃口，他又盯住了東方

>1938年9月29日，英國首相張伯倫（右一）、法國總理達拉第（右二）、義大利總理墨索里尼（左一）和希特勒（左二）在德國慕尼黑進行會面後，墨索里尼正和達拉第握手。

的鄰居——捷克斯洛伐克，還制定了代號為「綠色方案」的入侵計畫。

第一次世界大戰之後，捷克斯洛伐克從奧匈帝國獨立出來，成為東歐地區的主權國家。為了保障國家安全，捷克斯洛伐克和羅馬尼亞、南斯拉夫簽訂了同盟條約。羅馬尼亞盛產石油，南斯拉夫有豐富的鐵礦，捷克斯洛伐克軍火工業發達。這樣的3個國家結成同盟，實力讓人無法小視，不少歐洲的報紙都稱之為「小協約國」。1924年，法國和捷克斯洛伐克簽訂了軍事同盟條約。這樣一來，捷克斯洛伐克又有了法國當護身符。狡猾的希特勒對此毫不在意，他從英、法之前的退讓中嘗到了「戰爭訛詐」的甜頭，他覺得法國不會為了捷克斯洛伐克而同德國開戰。

當時，捷克斯洛伐克西部與德國接壤的蘇台德地區居住著350萬日耳曼人，這些日耳曼人雖然是捷克斯洛伐克國內的少數民族，卻已經和當地的居民友好相處了上百年。可從1935年開始，蘇台德地區的大日耳曼人黨開始鬧事，這個傀儡政黨的頭目康拉德・亨萊因遵照柏林的指示在蘇台德地區搞起了分裂活動。亨萊因剛一開始搞分裂活動，柏林那邊的希特勒也跳了出來與之呼應。1938年5月，希特勒公然宣稱「蘇台德地區的日耳曼人正遭受虐待，德國有責任去保護同胞」。緊接著，幾十萬德軍進行了作戰演習。一時間，蘇台德地區風聲鶴唳。英法兩國不但沒有幫助自己的盟友，反而要求捷克斯洛伐克政府進行最大的讓步。

屈辱協定

眼看戰火就要在歐洲燃起，英法兩國慌了手腳。1938年9月15日，69歲高齡的英國首相、綏靖主義的代表人物張伯倫乘坐飛機趕到了德國。在隨後的會談中，希特勒完全掌握了主動權，他說道：「為了蘇台德地區的日耳曼人，德國不在乎打一場世界大戰。」「戰爭」這個詞讓首相極度恐慌，他懇求希特勒考慮用和平的方式解決問題。眼見自己的恐嚇有了效果，希特勒也見好就收，表示可以考慮不動用武力，還假惺惺地表示蘇台德地區是自己在歐洲「最後的領土要求」。安撫住了希特勒，張伯倫立刻聯合法國總理達拉第向捷克斯洛伐克政府施壓，聲稱如果不接受英法的勸阻，執意與德國對抗，英法將不會履行條約中所規定的盟友義務。在這種壓力之下，捷克斯洛伐克政府只好同意在英法兩國的調停之下，和德國就蘇台德地區再次進行談判。

^1938年9月，《慕尼黑協定》簽訂後，英國首相張伯倫在倫敦赫斯頓機場一邊揮舞著手中的和約，一邊宣稱「綏靖政策為英國贏得了一代人的和平」。

1938年9月29日，英國首相張伯倫、法國總理達拉第、德國總理希特勒、義大利首相墨索里尼在慕尼黑舉行了會談，商討捷克斯洛伐克割讓蘇台德地區的事宜。作為當事國，捷克斯洛伐克的政府代表雖然準時到達了會場，卻被禁止入內，只能等英、法、德、意四國政府確定方案後主動執行。9月30日，英、法、德、意四國政府最終簽訂了歷史上臭名昭著的《慕尼黑協定》，捷克斯洛伐克代表也被迫在這個協定上簽了字。按照這個協定，捷克斯洛伐克將蘇台德地區及同奧地利接壤的南部地區一起「轉讓」給德國，捷克斯洛伐克喪失了將近五分之一的領土（共2.8萬平方公里）、360萬人口以及全國半數以上的工廠。然而事情到這裡並沒有結束，如願吞併蘇台德地區之後，希特勒並沒有像他所說的那樣停止侵略，僅僅過了半年時間，德國又出兵占領了整個捷克斯洛伐克。

VISIBLE HISTORY OF THE WORLD

關鍵字：閃電戰

白色方案

▪ 1939年9月1日

在第二次世界大戰中，德軍總參謀部先後制定了上百個作戰計畫，這些作戰計畫的代號有不少是以顏色來命名的，比如「綠色方案」（吞併蘇台德地區）、「黃色方案」（閃擊比利時、荷蘭和法國）、「紅色方案」（進攻法國第二階段）等。其中最有名的還是「白色方案」，正是這個進攻波蘭的計畫揭開了第二次世界大戰的序幕。

但澤危機

從歐洲近現代史來看，沒有一個國家像波蘭這樣飽經磨難。18世紀的時候，波蘭的西面是普魯士，南面是奧匈帝國，東面是沙皇俄國，這種地理位置讓波蘭先後三次被瓜分，波蘭作為一個國家消失了123年。直到第一次世界大戰結束後，波蘭才在英法的支持下重新建國。為了讓波蘭向東擋住蘇聯，向西壓制德國，英法將普魯士1793年從波蘭割走的港口城市但澤還給了波蘭。這個舉動讓希特勒耿耿於懷，他在《我的奮鬥》一書中曾這樣寫道：「一個膽敢吞併德國領土的波蘭是不可饒恕的。」1938年10月，在希特勒的指示下，德國外交部向波蘭政府提出了收回但澤的要求，德國軍方也制定了進攻波蘭的作戰計畫，即「白色方案」。

波蘭政府收到德國人的外交照會後，從總統到外交部部長都嚇得不輕，波蘭哪裡是德國的對手啊！可環顧自己的左右，南面的捷克斯洛伐克已經被吞併了，東邊的蘇聯和自己關係緊張，一旦開戰，肯定沒有鄰國伸出援手。無奈之下，波蘭政府只好向英法求援。眼看希特勒把手伸向了波蘭，英法兩國這才明白希特勒才是歐洲最大的「演技派」！1939年4月和5月，英法先後與波蘭簽訂了軍事防衛互助協定，以此向德國表明保護波蘭的「強硬態度」。此時德國的陸軍已經擴充到了51個師，其中有9個是由III號坦克、輕型裝甲車和三輪摩托車裝備起來的精銳裝甲師；德國空軍擁有飛機4000多架，是英法兩國空軍飛機的總和；德國的軍火產量比1933年增加了9倍，軍火總產量已經相當於英美軍火產量的總和，這樣龐大的軍事力量可不是英法的口頭警告所能阻止的。為了順利吞下波蘭，希特勒還按照「遠交近攻」的戰略思想同蘇聯進行了談判。此前，蘇聯一直希望和英法聯手遏制納粹德國在歐洲的擴張，可英法兩國和蘇聯並不在同一個戰壕裡。1939年8月23日，蘇德正式簽訂了有效期為10年的《蘇德互不侵犯條約》。看到蘇聯已經被自己穩住，急不可耐的希特勒正式下達了進攻波蘭的第一號作戰命令，德國的百萬大軍在德波邊境上蓄勢待發。

v1939年9月1日，納粹德國發動了代號為「白色方案」的作戰行動，向波蘭發動了立體進攻。圖為在波蘭橫衝直撞的德國裝甲部隊。

閃電一擊

1939年9月1日凌晨4點45分，德國對波蘭不宣而戰。德軍投入了54個師（包括7個裝甲師和4個摩托化師）共160萬士兵、3600輛坦克、

6000門火炮和2000餘架飛機。德軍分成了北方集團軍群（配置在東普魯士和波美拉尼亞）和南方集團軍群（配置在西利西亞和捷克斯洛伐克）兩個攻擊集團，分兩路向波蘭的首都華沙發動了鉗形攻擊。按照軍史學家的說法，這是人類戰爭史上「機械化閃電戰」的開端。天空中，成群結隊的斯圖卡（Ju 87俯衝轟炸機）俯衝轟炸機在尖聲吼叫，成百上千噸的航空炸彈傾瀉在波蘭境內的橋梁、鐵路、公路和飛機場上，數百架波蘭戰鬥機還沒來得及起飛就變成了一堆燃燒著的廢鐵。地面上，上千輛III號坦克以每天數十公里的速度向前推進，在坦克的後面是突擊火炮、摩托車和乘坐汽車前進的德軍士兵。在戰爭開始的第一周，德軍的機械化部隊就已經深入波蘭境內數百公里，波蘭軍隊陷入了潰退之中，35個步兵師被德軍分割包圍，戰爭在這時已經變成了單方面的屠戮。

儘管波蘭軍民也進行了勇敢的反擊（比如在維斯瓦河畔，波蘭波茲南集團軍的騎兵們就揮舞著軍刀衝向了德軍的坦克），但戰爭理念和技術武器上的巨大差距卻不是勇氣所能彌補的。9月14日，德軍擊破了波蘭軍隊的抵抗，兵臨華沙城下。9月28日，斷水斷電，藥品和食物都極度匱乏的華沙城向德軍投降，波蘭輸掉了戰爭。在整個入侵波蘭的過程中，德軍以1.1萬人陣亡的代價取得了「空前的勝利」，7萬名波蘭士兵戰死，70萬人被俘，無數的平民流離失所。然而這一切不過是一場新的世界大戰的開端，更加慘烈血腥的戰鬥即將打響。

<德軍裝甲部隊的SdKfz 251半履帶裝甲車

關鍵字：馬奇諾防線

閃擊法國

■ 1940年

如果說德國入侵波蘭的戰爭還是「閃擊戰」的初演，那麼1940年5月10日德國對法國的進攻則是「閃擊戰」的經典演出。在不到6個星期的時間裡，人口6000萬、號稱歐洲最強陸軍的法國被徹底擊敗，而德軍的損失（傷亡15萬人）還不到凡爾登戰役的1/3。英法兩國為他們的綏靖政策付出了慘重的代價。

靜坐戰爭

儘管英法在德國入侵波蘭的第三天就對德宣戰，可直到1939年9月28日德軍完全占領華沙，英法兩國的軍隊仍然躲在鋼筋水泥的防線後面，眼睜睜地看著盟友無助地戰敗，即使他們的總兵力達到了115個師，遠遠超過西線德軍的數量（德軍只有26個師）。這種「宣而不戰」的行為人們稱之為「奇怪的戰爭」或「靜坐戰爭」。此時的英法政府還認為希特勒不敢再向西進攻了，而是會轉向東線去與蘇聯較量。但歷史的發展再一次證明了英、法兩國這種「以鄰為壑」的期待是錯誤的。1940年4月，德軍突然占領了丹麥和挪威。這時英法才知道希特勒的野心是何等之大。英國首相張伯倫在倫敦下臺，法國也開始了緊急的戰前準備。

^1940年6月，一名法軍坦克兵向德軍投降。雖然法國人裝備的坦克S-35型坦克是第二次世界大戰初期的優秀坦克，它的防護和火力都要強過德國人的III號坦克，但法軍分散使用裝甲部隊的思維最終讓S-35型坦克成了配角。

當時英法在西線的軍事力量共計有135個師（其中法軍和英軍共有103個師，其他為比利時、荷蘭的軍隊）、3400輛坦克、2000架飛機，這樣的兵力和德軍旗鼓相當。可從士氣、訓練等「軟實力」來看，英法的軍隊並沒有看起來那麼強大。號稱「歐洲第一陸軍」的法軍士氣低落，裝備落後；而英國人從來沒有「大陸軍」的傳統，他們來到大陸只是充當法國人的幫手，戰鬥力可想而知。英法和納粹德國的另一個差距是在戰前計畫上：英法兩國認為德軍的進攻肯定是第一次世界大戰中「史里芬計畫」的翻版，德軍的主力會通過地勢平坦的比利時進攻法國。基於這樣一個判斷，英法聯軍的整個防線呈現出一個「兩頭重，中間輕」的啞鈴形狀，英法軍隊的主力都集中到了法比邊境和南部的馬奇諾防線，而在整條戰線中央的亞爾丁山區，法國人卻只留了兩個軍團駐守。後來的事實證明，這個防禦計畫簡直糟糕透頂。

德國人的準備

就在英法兩國士兵躲在防禦工事中的時候，德國人的軍火工廠也在創造著「生產奇蹟」。從1939年12月到1940年5月，克虜伯和斯柯達的軍火工廠為德國陸軍補充了680輛新型坦克、1368門野戰炮，德國空軍則增加了1500架作戰飛機。此外，陸軍士兵的人數也增加了330萬。作為一部猙獰的「戰爭機器」，德國軍隊完全做好了向西進攻的準備。

眼看著萬事俱備，希特勒覺得自己還需要一個「偉大」的作戰計畫，而滿足他這個願望的人就是時任德軍A集團軍群參謀長的曼施坦因上校。按照他的計畫，德軍將劃分為A、B、C三個集團軍群，首先由空降兵奪取比利時、荷蘭和盧森堡三國的戰略要地，同時出動空軍爭奪法國、比利時、荷蘭和盧森堡等國上空的制空權。然後B集團軍群（下轄28個師）開始對比利時、荷蘭進行佯攻，誘使英法兩國軍隊主力進入這些國家。同時，C集團軍群（下轄17個師）在法國馬奇諾防線正面進行接觸，牽制法國在南線的軍隊。接下來，擔任主攻任務的A集團軍群（下轄64個師，其中包括7個裝甲師、3個摩托化師）由中央實施快速突擊，穿越叢林密布的亞爾丁山區，直插法國腹地。這個被稱為「鐮刀閃擊」的計畫風險性很大，一旦A集團軍群的中路突擊失敗，它很可能被兩翼增援上來的英法軍隊圍殲，德軍將遭受毀滅性的打擊。德軍中的許多將軍對此詬病不已，只有兩個人支持這個計畫——納粹德國的元首希特勒和第19裝甲軍軍長古德林。最終，希特勒決定採納曼施坦因的計畫，把亞爾丁山區作為整個戰役的突破口。

閃電一擊

1940年5月10日清晨，3000多架德國轟炸機突然對法國、荷蘭、比利時和盧森堡的軍用機場、交通樞紐等目標實施了猛烈的轟炸。隨後，從北海到馬奇諾防線之間300多公里的戰線上，德國的100多個師、2400輛坦克向荷蘭、比利時和盧森堡發起了大規模地面進攻，「閃擊法國」的行動拉開了序幕。

猛烈的轟炸過後，德軍B集團軍群下轄的空降兵奪取了荷蘭境內的4個重要機場，德軍裝甲部隊也從正面發動了猛攻。面對德軍的突襲，英法聯軍的主力果然上鉤了，他們立即向比利時、荷蘭增援過來。與此同時，德軍的C集團軍群也在馬奇諾防線上與法軍打得火熱，使得法軍無法從南線抽調兵力。接下來的戰鬥和曼施坦因事先預想的完全一樣，由倫德施泰特上將指揮的A集團軍群從亞爾丁山區衝出，打了駐守亞爾丁山區的法軍部隊一個措手不及。德軍以古德林的第19裝甲軍為先導，驅趕著潰散的法軍向前突進。

1940年5月12日下午，古德林的3個裝甲師成功穿越亞爾丁地區110公里長的峽谷，突擊至馬斯河北岸，德軍先頭部隊占領了德法兩國都無比熟悉的一個戰略要地——色當。69年前的普魯士軍隊就是在這裡擊敗了法軍，現在歷史似乎是在重演。5月13日上午11時，德國空軍出動了400架次的轟炸機，對馬斯河南岸的法軍陣地進行了5個小時的狂轟濫炸，「斯圖卡」俯衝時發出的尖鳴聲讓不少法國士兵驚慌失措，他們根本無暇抵擋德軍步兵的進攻。當天下午4時，德軍開始使用橡皮艇強渡馬斯河。午夜時分，古德林的3個裝甲師全部經浮橋渡

∨ 德國「斯圖卡」轟炸機

在所有描寫德軍「閃電戰」的電影中都會出現這樣的鏡頭：地面上成群的II號和III號坦克蜂擁前進，空中的俯衝轟炸機如同烏雲一般遮天蔽日……特別是作為空地協同作戰核心的「斯圖卡」俯衝轟炸機，它被認為是整個「二戰」中最好的前線轟炸機，正是它的橫空出世讓德軍的「閃電戰」成為可能。

過了馬斯河，整個A集團軍群像一把寒光閃閃的鐮刀砍向了法國的腹部。

直到這個時候，英、法兩國才發現德國人是在聲東擊西。德國人的A集團軍群不但高速地向法國本土推進，還威脅著比利時境內的英法軍隊和馬奇諾防線的法軍的側翼。為了阻止更多的德軍部隊渡過馬斯河，5月14日下午，英、法派出了開戰以來最龐大的空中打擊機群轟炸馬斯河上的浮橋。不甘示弱的德國空軍也投入主力，「颶風」和Bf-109戰鬥機在馬斯河上空殺得昏天黑地。最終，以逸待勞的德國空軍大獲全勝，牢牢掌握了法國上空的制空權。同一天，德軍B集團軍群開始進攻荷蘭城市鹿特丹，荷軍最高司令部命令荷軍停止抵抗，荷蘭向德軍投降。

逃生與投降

1940年5月15日清晨，得知德軍突破馬斯河防線、荷蘭投降的消息之後，驚慌失措的法國總理保羅・雷諾向英國首相邱吉爾發出了緊急求救的電報。第二天，為了穩定法國人的情緒，邱吉爾從倫敦直飛巴黎。在機場上，邱吉爾見到了灰頭土臉的法國總理雷諾。當邱吉爾詢問聯軍的後備兵力和應對計畫在哪裡時，法國人直截了當地告訴他：「沒有，我們沒有這些東西。」這一天，沮喪萬分的雷諾總理將時任法國駐西班牙大使的老元帥貝當召回巴黎，同時還從貝魯特召回了已經73歲的魏剛將軍。這兩位老將都是第一次世界大戰中的名將，雷諾希望他們的復出能為即將崩潰的法國帶來好運。

就在雷諾總理以人事變動「聊以自慰」的時候，古德林的第19裝甲軍正在以德軍統帥部都感到害怕的速度向法國西部挺進，他們甚至放過了大批潰退中的法軍士兵和車輛，裝甲部隊的機動性被壓榨到了極致。最終古德林獲得了勝利，他的部隊在5月19日占領了亞眠。這樣德軍的A集團軍群和B集團軍群就將法國北部的70餘萬英法聯軍重重包圍，唯一能幫助英法軍隊逃生的就只有包括敦克爾克在內的幾個海港了。

1940年5月24日，第19裝甲軍占領了英吉利海峽沿岸的重要港口加萊，距離英法聯軍控制的最後一個港口——敦克爾克只有不到20公里了，一場很可能載入人類戰爭史的圍殲戰即將打響。可就在這個時刻，希特勒突然命令德軍原地待命。這個突如其來的命令給了英法聯軍一線生機。從5月26日開始，英國人動員了一切可以參加救援的船隻趕往敦克爾克。經過9天的努力，總共有33.8萬人從敦克爾克撤回了英國，其中英軍21.5萬人、法軍12.3萬人，日後他們成為解放歐洲大陸的重要力量。

儘管在敦克爾克上演了一幕戰爭史上的奇蹟，但大陸上的法國卻是敗局已定。5月28日，比利時向德國投降。6月10日，義大利也趁火打劫，向法國宣戰，32個師的意軍越過了阿爾卑斯山向法國進攻。6月13日，巴黎宣布為不設防城市。第二天，德軍沿著香榭麗舍大道開進了巴黎。6月18日，已經撤退到波爾多的法國政府宣布停止抵抗。6月22日下午6時50分，在巴黎近郊的康比涅森林，這個德國在第一次世界大戰時簽署投降書的地方，法國人簽署了屈辱的停戰協定。在不到6周的時間裡擊敗了在「一戰」中4年都未曾征服的對手，這個「輝煌」的戰果讓希特勒忘乎所以，他的目光又盯上了仍在頑強抵抗的英國。

v1940年6月23日，希特勒第二次，也是最後一次來到巴黎。這張照片顯示的是希特勒與其隨行人員遊覽艾菲爾鐵塔的瞬間。

關鍵字：空戰

海獅計畫

■ 1940年7月～1941年6月

法蘭西的硝煙剛剛散盡，不列顛之戰又拉開了序幕。1940年7月16日，希特勒下達了啟動「海獅計畫」的命令，幾十萬德國士兵在歐洲大陸上蓄勢待發，德國飛行員也在飛機上寫下了「倫敦完蛋」的字樣。然而這一切最終被證明是一場白日夢，德國在兩個月內損失了1700多架作戰飛機，德軍第一次在戰場上被遏制住了，「海獅計畫」遭到了可恥的失敗。

實力懸殊

對於英國來說，1940年絕對是災難性的一年。老盟友法國被德國人一套快速的「組合拳」打垮了，自己的遠征軍也傷亡慘重（6.8萬名英軍士兵在西歐大陸或死或俘）。雖然透過一個成功的「發電機計畫」，20多萬英軍和10多萬法軍幸運地從敦克爾克撤回了英國，但他們拋棄了全部的重型裝備。2450門火炮、6400支反坦克槍、1.1萬挺機槍、7.5萬輛汽車和50萬噸彈藥成了德軍的戰利品，英國陸軍在一夜間變成了只有少量坦克和火炮的「準軍事組織」。此外，在大撤退的過程中，英國海軍有224艘軍艦被擊沉，空軍有106架飛機被擊落，殘存的軍力別說反攻歐洲大陸，就是保衛不列顛島都有些力不從心。1942年4月23日，邱吉爾在英國下議院的一次祕密會議上坦言：「在1940年，只要有一支15萬人的德軍在不列顛登陸，英國就會面臨一場史無前例的災難。」

在海峽的另一邊，希特勒正滿心歡喜地注視著歐洲地圖。在東歐、北歐和西歐，敢於和納粹德國作對的國家或垮或降，這讓元首先生的自信心膨脹到了極點，他覺得英國人的投降只是時間問題。為了能將兵力抽調出來準備對蘇作戰，希特勒透過瑞典國王和羅馬教皇向英國傳遞了媾和的建議。出乎希特勒的意料，堅強的英國人民有著一顆反對納粹暴政的勇敢之心，他們那位堅強的首相也公開表示：「我們將戰鬥到底！法蘭西之戰雖然結束了，不列顛之戰卻剛剛開始！」1940年7月16日，眼見誘降無望的希特勒下達了進攻英國的16號作戰指令，也就是「二戰」史上著名的「海獅計畫」。按照德軍統帥部的設想：德軍將以部署在挪威、荷蘭、比利時和法國的3000架飛機去摧毀英國的防空體系，在空戰中消滅英國空軍。德國空軍掌握制空權後，再協助德國海軍奪取制海權，然後以25～40個

v 為了彌補飛行員的不足，英國空軍招募了一批撤退到英國的法國和波蘭飛行員，這些身懷國仇家恨的空中勇士在不列顛之戰中發揮了重要的作用。

師的德國軍隊登陸不列顛，一舉占領英國。

空中初戰

按照「海獅計畫」，德國空軍是「海獅計畫」的主角，這讓一向輕狂自大的空軍元帥戈林喜出望外。表現慾十足的他信誓旦旦地向希特勒打包票，說他指揮下的德國空軍可以在4個星期內把英國空軍徹底消滅。然後不用陸海軍插手，單靠空軍的轟炸就能讓英國佬投降。當時的戈林確實有自大的本錢，德國空軍用於進攻英國的第二、第三和第五航空隊下轄3000多架作戰飛機，裝備有先進的Bf-109戰鬥機和Bf-110轟炸機，德國飛行員大多是在波蘭和法國經過實戰磨煉的飛行高手，而英國空軍只有不到800架戰鬥機和2000門高射炮，飛行員嚴重不足，可以說德國在飛機數量上和飛行員素質上都占有優勢。

∧根據不列顛之戰拍攝的電影《倫敦上空的鷹》劇照，身穿白色空軍元帥制服，手持望遠鏡的人物就是英國演員扮演的德國空軍司令赫爾曼·戈林。

1940年7月10日，德國空軍開始攻擊英吉利海峽中的英國護航艦隊，大不列顛空戰正式拉開了序幕。從8月13日開始，德國空軍開始了代號為「鷹日」的作戰行動，對英國的政治、經濟中心以及空軍基地進行了大規模空襲。在8月13日和15日兩天，德國空軍出動了1500架次以上的龐大機群突襲不列顛，雙方發生了大規模的空戰。儘管德國空軍在數量上占有優勢，但英國人也有兩大法寶迎敵。第一個法寶是祕密武器——雷達。只要德國飛機從法國或挪威的機場起飛，英國人的雷達網就能發現敵人來襲的方位和數量，然後從容攔截。另一個法寶是地利。德國戰鬥機飛到英國上空後只能進行20分鐘的戰鬥，就必須立刻返航，一旦跳傘就鐵定成了俘虜。而英國飛機可以戰鬥到最後一加侖燃油，飛行員傷了有人救，死了有人埋。依靠這兩大法寶，英國空軍給了德國人沉重一擊。截止到8月24日，德國空軍損失了將近500架轟炸機，這幾乎占到了德軍轟炸機總數的1/3，而取得的戰果卻並不顯著，只摧毀了英國的12個機場和6個雷達站。戈林知道自己這十幾天是賠了大本，他決定改變四面出擊的打法，集中力量攻擊英國空軍。

^ Bf-109E型戰鬥機解剖圖

用軍事迷的話說，Bf-109戰鬥機在誕生之初就和一連串的「最」聯繫在一起：它是「二戰」中最著名的戰鬥機，也是生產數量最大、型號最多的戰鬥機……從1935年試飛到1967年正式退役，它成功地證明自身可以勝任所有可能的使命，不管是截擊、支援、夜間戰鬥，還是偵察、護航、對地攻擊，是「二戰」中德國空軍的支柱性武器。

偉大勝利

從8月24日開始，不列顛之戰進行到了最慘烈的階段。在戈林的指揮下，英國空軍和雷達站成為德國人重點打擊的目標。在接下來的十幾天裡，德國空軍每天都派出1000多架次的飛機重點攻擊英國戰鬥機部隊的駐紮機場。德國人在飛機數量上的優勢得以體現，英國空軍傷亡慘重，1/4的駕駛員負傷或陣亡，幾個最重要的雷達站幾乎都被摧毀，勝利的天平開始向德國人傾斜。就在這個危急時刻，一個意外事件改變了戰爭的進程。8月28日，英國空軍的轟炸機「光臨」了柏林，扔下了航空炸彈。這讓希特勒和戈林惱羞成怒，希特勒立即命令戈林以牙還牙，要用燃燒彈將倫敦的夜空點燃。

9月7日傍晚，625架轟炸機和648架戰鬥機從歐洲大陸的不同機場起飛，如同一群蝗蟲飛向了夜色中的倫敦。在不到1個小時的時間裡，德國飛機扔下了300多噸燃燒彈和高爆炸彈，整個倫敦在顫抖中變成了一片火海。在此後的一個星期裡，德國飛機幾乎天天都要轟炸倫敦，可也就在這段時間裡，英國空軍得到了休整，疲勞不堪的飛行員和地勤人員得到了寶貴的休息機會。9月15日，吃腥了嘴的德國空軍又出動了200多架轟炸機和600多架戰鬥機向倫敦撲來，早就在不列顛上空嚴陣以待的英國飛行員們得到了一個復仇的機會。在這一天的戰鬥中，德軍損失了185架飛機，而英國空軍的損失還不到40架。兩天之後，戈林無比慚愧地向希特勒表示，空軍無法在短時間內掌握制空權，希特勒只好決定無限期推遲「海獅計畫」。「二戰」開始以來，一向「戰無不勝」的德軍第一次沒有完成戰略任務，而這只是他們走向失敗的開始。

v 1943年6月，一個納粹軍官正在向希特勒（中）和戈林（右）介紹Me-262噴氣式戰鬥機的研製情況

在希特勒的「襯托」下，戈林的身材更顯得臃腫無比。其實戈林在青年時期身材瘦削，後來由於在「啤酒館暴動」中受傷，不得不長期依賴嗎啡等麻醉性止痛劑，這才導致身材越發「走樣」，他被俘時體重已經達到了125公斤。

VISIBLE HISTORY OF THE WORLD

關鍵字：海上破交戰

「俾斯麥」號的沉沒

▪ 1941年5月27日

從1860年到第二次世界大戰期間，戰艦一直是各國海軍的主力艦種，它在很長時間內都是國家海軍力量的象徵。第二次世界大戰中，德國海軍建造的「俾斯麥」號戰艦絕對是最有名的一艘戰艦，不僅因為英國曾經動員了半支海軍來圍獵它，還因為它的沉沒宣告了戰艦時代的終結。

野心的產物

在第一次世界大戰的海面戰場上，衡量一國海軍強大與否的標準就是戰艦的數量。德國人一直希望給他們的軍艦裝上口徑更大的主炮和更厚的裝甲，以便在海戰中擊敗龐大的英國艦隊，然而日德蘭海戰徹底摧毀了這個夢想。第一次世界大戰結束後，德國人失去了所有大型戰艦。按照《凡爾賽和約》的規定，德國海軍的艦艇噸位、數量受到了嚴格限制。20世紀20年代，美、英、日、法等海軍強國簽訂了《限制海軍軍備條約》，德國海軍受到的限制被略微放寬，但也只能生產排水量不超過1萬噸，主炮口徑不超過280公釐的「袖珍戰艦」。1933年，希特勒上臺了，這位野心勃勃的元首雖然是陸軍出身，卻一直都是「巨艦大炮」主義的信徒。在希特勒的斡旋下，德國和英國在1935年6月簽訂了一份《英德海軍協定》，規定德國海軍的總噸位只要不超過英國海軍的35%，那主力戰艦的主炮口徑、噸位就不受限制。有了這份「生產許可證」，德國海軍元帥雷德爾簡直都笑出了眼淚。在他的大力支持下，德國海軍制定了一個神祕的「G」計畫，準備打造一艘排水量在4萬噸以上的巨型戰艦。

巨艦出籠

1936年7月1日，「G」號戰艦開始在漢堡港的布洛姆福斯造船廠建造。這樣的巨艦總得有個響亮的名字，德國人最終決定以「鐵血宰相」俾斯麥的名字來命名這艘德國歷史上最大的戰艦，希望它

v1939年2月14日，在阿道夫・希特勒及上千名軍政要員的出席下，德國最大的戰艦「俾斯麥」號在漢堡舉行了隆重而盛大的下水典禮，德國前首相奧托・馮・俾斯麥的孫女作為嘉賓主持了整個儀式。

能像「鐵血宰相」一樣名垂史冊。雷德爾原本以為憑布洛姆福斯造船廠的生產能力，「俾斯麥」號一年內肯定能下水。可這艘新艦的艦體太大，技術太複雜，直到1939年2月14日，「俾斯麥」號才舉行了下水儀式，俾斯麥的孫女也被請來為這艘戰艦剪綵。1940年8月24日，「俾斯麥」號正式服役，它成了德國海軍中當之無愧的「第一王牌」。

「俾斯麥」號的滿載排水量達到了4.8萬噸，這個數字甚至超過了一些國家的海軍總噸位；「俾斯麥」號的主要武器為4座雙聯裝的381公釐主炮，這種巨型火炮可以將一枚將近1噸的穿甲彈發射到30公里以外，在20公里的距離內沒有任何軍艦的裝甲可以擋得住這「雷霆一擊」；「俾斯麥」號的艦體有嚴格的裝甲保護，艦體兩側的裝甲厚度超過300公釐，主炮炮塔的厚度更是達到了381公釐。除了「利矛」和「堅盾」外，「俾斯麥」號還有鷹一樣的「眼睛」。它不但裝有先進的艦載雷達、海上測距儀和告警儀，還搭載有6架用於偵察的水上飛機，比其他戰艦看得更高，望得更遠。不過「俾斯麥」號也不是沒有弱點，它最大的問題就是防空火力存在隱患。「俾斯麥」號上的防空火力由8座雙聯裝105公釐高射炮和8座雙聯裝37公釐高射炮組成。這種火力「防遠有餘，防近不足」，比較受制於艦載機低空突襲。當然「俾斯麥」號這樣安排防空火力也是有原因的，畢竟此時航空母艦還沒有成為新的海上霸主，艦載機在北大西洋上的威脅也沒

v「沙恩霍斯特」號戰鬥巡洋艦解剖圖

「沙恩霍斯特」號是「沙恩霍斯特」級戰鬥巡洋艦的首艦（次艦為「格奈森瑙」號），這款滿載排水量超過3.2萬噸的軍艦裝備有3座三聯裝的283公釐主炮，在「俾斯麥」號服役之前是德國水面艦隊的當家主力。

有在太平洋戰場上那麼大。

浴血大西洋

「俾斯麥」號的下水讓希特勒心花怒放，他覺得是時候徹底切斷英國的海上運輸線了。1941年，雷德爾批准了代號為「萊茵演習」的海上破襲行動。5月19日，由「俾斯麥」號戰艦和「歐根親王」號巡洋艦組成的編隊駛出了波蘭的格丁尼亞港。雖然德國人祕密地調動了軍艦，可英國人的眼睛早就盯住了「俾斯麥」號，這艘巨艦剛一出港，英國人的無線電波就傳遍了英國各處的海軍基地，大批的英國軍艦駛向了大西洋，一場海上激戰即將打響。

5月23日傍晚，英軍的兩艘巡洋艦在丹麥海峽發現了「俾斯麥」號的蹤跡。5月24日凌晨，聞訊趕來的英國戰艦「胡德」號和「威爾士親王」號追上了「俾斯麥」號，一場戰艦對戰艦的激戰打響了。儘管「胡德」號和「威爾士親王」號一共裝有16門381公釐主炮，但「俾斯麥」號上先進的測距儀幫了德國人的忙。雙方開火後不到10分鐘，「俾斯麥」號主炮發射的一枚炮彈就準確地擊中了「胡德」號的彈藥庫，「胡德」號內部很快就發生了二次爆炸。幾分鐘後，「胡德」號斷成兩截，沉入了海底，艦上的1000餘名官兵生還的僅有3人。「胡德」號被擊沉後，「威爾士親王」號更是獨木難支，不得不撤出了戰鬥。「俾斯麥」號雖然獲得了首戰的勝利，可它也受傷不輕，只能掉頭返航。

「胡德」號戰艦被擊沉的消息傳回英國後引起了軒然大波。在英國人的心目

∧正在投擲魚雷的「劍魚」攻擊機

「劍魚」攻擊機是英國費爾利航空公司在20世紀30年代研製的一種具備魚雷攻擊、偵察等功能的雙翼飛機。作為一種艦載機，「劍魚」可以容納包括駕駛員、領航員和後座射手在內的3名機組成員，主要武器為機頭和機尾各安裝有一挺7.7公釐口徑機槍，機腹部通常攜帶一枚730公斤的魚雷或者一枚680公斤的深水炸彈。

中，「胡德」號是皇家海軍的驕傲，怎麼可能被德國軍艦擊沉呢？為了替「胡德」號復仇，挽回士氣，英國海軍調集了包括2艘航空母艦、8艘戰艦、14艘巡洋艦和22艘驅逐艦、6艘潛艇在內的龐大艦隊，準備在「俾斯麥」號退回法國海岸前將它擊沉。說來也是「俾斯麥」號倒楣，它的燃油艙在戰鬥中被炮彈擊中，燃油不斷洩漏，軍艦只得以20節的速度返航。5月24日，英國海軍「勝利」號航空母艦上的「劍魚」式魚雷機發現了「俾斯麥」號，對它發動了空中打擊。緊接著，「皇家方舟」號航空母艦上的魚雷機也加入了戰團。幾波攻擊之後，「俾斯麥」號的推進器和轉向舵被兩枚魚雷打壞，徹底喪失了航行能力。5月27日凌晨，英國海軍的戰艦、巡洋艦和驅逐艦紛紛趕到了戰場。在遭受了數十枚主炮炮彈、300多枚副炮炮彈和10枚左右的魚雷打擊之後，「俾斯麥」號徹底變成了燃燒著的殘骸，緩緩地沉入了大海。

「俾斯麥」號的沉沒讓希特勒和雷德爾如喪考妣，德國從此放棄了使用大型軍艦襲擊英國運輸船隊的戰術；而對於英國人來說，「俾斯麥」號的沉沒緩解了英國戰艦緊張的局面，就像邱吉爾所說的：「我們終於不用將所有的戰艦都拴在斯卡帕灣，緊張地防備『俾斯麥』號的出擊了。」

VISIBLE HISTORY OF THE WORLD

關鍵字：莫斯科保衛戰

從「巴巴羅薩」到「颱風」

▪ 1941年6月22日

1941年6月21日晚上8點，東普魯士拉斯滕堡的「狼穴」裡，剛剛吃過晚飯的希特勒在地堡的小會議室裡走來走去。他的臉上充斥著一種病態的潮紅。他時而望向牆上那幅巨大的蘇聯地圖，時而看一下牆上的座鐘，彷彿在等待著什麼重大事情的發生。而就在幾個小時之後，他的百萬大軍將重複拿破崙在1812年做過的事情——向歐洲最大的國家開戰，這將是一場決定命運的俄羅斯輪盤賭。

「紅鬍子」登場

時至1940年6月，希特勒已經透過一系列不流血的陰謀和流血的戰爭征服了歐洲的「半壁江山」，北起北極圈、南到庇里牛斯

>1939年8月23日，史達林接見德國外長里賓特洛甫，慶賀《蘇德互不侵犯條約》的簽訂。蘇德兩國都心知肚明：這個條約只是暫時延緩了德國進攻蘇聯的時間而已。

^ 1941年東線的德軍機槍陣地

「二戰」中，德軍的機槍組成員是經過精心挑選的：首席機槍手一般都是這個班中最有經驗的老兵，如果他還身材魁偉那就太好了，因為他還得負責扛機槍。他的一名隊友負責供彈和定期更換槍管，清理卡殼的子彈。新兵一般什麼都不做，只為機槍供應彈藥。

山、西至法國海岸、東到維斯瓦河之間的廣大地區都成了納粹德國的「地盤」。在希特勒看來，德軍27天征服波蘭、18天打垮比利時、39天擊敗法國的「成績」比當年的拿破崙強多了，整個歐洲也就英國和蘇聯還有實力與德國對抗。究竟是先向西征服英國，還是先向東進攻蘇聯呢？希特勒陷入了沉思之中。不久，他的「老戰友」戈林很快給出了一個「答案」——德國空軍在大不列顛空戰中傷亡慘重，登陸英國的「海獅計畫」成了吹破的牛皮。於是，1940年12月18日，希特勒正式簽署了第21號作戰令，即入侵蘇聯的「巴巴羅薩」計畫。「巴巴羅薩」在德語中是「紅鬍子」的意思，指的是12世紀時6次躍馬義大利的「神聖羅馬帝國」皇帝腓特烈一世，希特勒希望能沾沾這位皇帝的運氣，順利地稱霸整個歐洲。

儘管希特勒做的只是一個白日夢，但德軍總參謀部制定的「巴巴羅薩」計畫卻是一份縝密的作戰方案。按照這個計畫，德軍將出動153個師，與匈牙利、羅馬尼亞、芬蘭等僕從國的37個師組成一支550萬人的龐大侵略軍，動用包括4300輛坦克、4.72萬門火炮以及4980架作戰飛機和192艘海軍艦艇在內的技術兵器，按照北、中、南三路向蘇聯發動閃電戰。其中，「北方集團軍群」由陸軍元帥勒布指揮，下轄第4裝甲集群和第16、第18集團軍，從東普魯士出發，沿著波羅的海直撲列寧格勒；「中央集團軍群」由陸軍元帥博克指揮，下轄第2、第3裝甲集群和第4、第9集團軍，從波蘭出發，沿著當年拿破崙入侵俄國的路線，經過明斯克、斯摩倫斯克進逼莫斯科；「南方集團軍群」由陸軍元帥倫德施泰特指揮，下轄第1裝甲集群和第7、第11、第17集團軍，目標直指烏克蘭重鎮基輔。希特勒和他的將軍們樂觀地估計德軍在17周內就可以擊敗蘇聯，從而結束戰爭。

「巴巴羅薩」計畫是制定了，可怎樣才能將上百萬的軍隊從西線調到東線而不被人察覺呢？希特勒大耍欺騙手段：在軍事上，德軍統帥部對外宣布已經制定了進攻北非和英國的計畫，德軍頻繁地在法國海岸進行登陸演習，製造出進攻重點「在西不在東」的假象。在外交上，希特勒先是邀請史達林訪問柏林，被拒絕後又「熱情」地邀請蘇聯外長莫洛托夫，擺出了一副「友好」的架勢。在經濟上，德國並不中斷與蘇聯的進出口貿易，蘇聯的木材、石油和煤炭源源不斷地運往德國，德國的先進機器也在往蘇聯出口。在這樣的精心偽裝之下，德國的戰爭機器開始超負荷地運轉。從1941年5月開始，德軍加緊搶修東部地區的鐵路，還在波蘭和捷克斯洛伐克祕密修建了300多個前進機場，B集團軍群和C集團軍群也被從西線祕密

v 短管坦克炮的IV號坦克

運抵了蘇德邊境。

再來看看蘇聯方面的戰前準備。史達林和蘇聯紅軍的各位帥對希特勒這個戰爭狂人一直深具戒心，雖然蘇聯和德國在1939年8月曾簽訂了《蘇德互不侵犯條約》，但蘇聯並沒有把這一紙條約當成和平的保證。為了抵抗德國可能進行的侵略，蘇聯在希特勒進攻西歐的時候也在大力進行國防建設，大批新型的KB-1坦克和T-34坦克裝備被投入部隊，蘇軍的機械化部隊從9個軍增加到了20個軍，170個師被部署到蘇聯西部……這樣的準備不能說不充分，但蘇聯領導人錯誤地判斷了希特勒可能發動戰爭的時間，蘇聯外長莫洛托夫就認為：「戰爭也許會爆發，但不會是1941年。」史達林也將來自英國的戰爭警報視為「挑撥離間」。希特勒的欺騙性表演又一次成功了。

不宣而戰

1941年6月22日凌晨3點半，德國對蘇聯不宣而戰。德軍的6000多門火炮將數十萬發炮彈傾瀉在了蘇軍陣地上，2000餘架德國飛機襲擊了蘇聯西部的66個機場，1200架蘇軍飛機還沒有起飛就被炸毀在地面上。炮擊和空襲進行了一個小時之後，德軍153個師、3700輛坦克在1500公里長的戰線上分成北、中、南三路，對蘇軍陣地發起了猛烈進攻。德軍的裝甲部隊迅速突破了蘇軍防線，他們占領橋梁、鐵路，沿著交通線向縱深瘋狂前進。

在接下來的幾周內，希特勒的「閃電戰」占據了上風，德國的三路大軍像一把巨大的「三叉戟」刺向了蘇聯的腹地。德軍侵入蘇聯境內500公里，蘇軍近30個師不復存在，70個師損失過半，損失飛機6800架，蘇聯人口最多的兩座城市莫斯科和列寧格勒面臨著德軍的直接威脅。面對這樣的開局，希特勒和他的爪牙們歡欣鼓舞，趾高氣揚的希特勒斷言：「俄國人已經輸掉了戰爭。」德軍總參謀長哈爾德上將也「謙虛」地認為戰爭將

^在1941年6月的基輔戰役中，一隊德國步兵在半履帶式裝甲車的掩護下向蘇軍據守的村莊發起進攻。這種步兵和裝甲部隊高度結合的協同戰術在戰爭初期發揮了巨大的作用，讓蘇軍一時難以適應。

在兩周內結束。然而他們都低估了蘇聯的戰爭潛力和蘇聯人民抵抗侵略的決心，他們忘記了這是一個曾經誕生過蘇沃洛夫和庫圖佐夫的民族，這是一個讓拿破崙的60萬大軍屍橫遍野的國家。儘管德軍依舊在向前瘋狂推進，他們付出的代價已經超過了西歐戰場的總和——開戰3周內德軍的傷亡就達到了15萬人，損失飛機600多架。7月3日，德軍入侵蘇聯的第12天，史達林向蘇聯全國發表了廣播講話，他告訴蘇聯人民祖國已經處在危難關頭，但蘇聯決不會向敵人屈服。蘇聯人民紛紛響應史達林的號召，無數的青年從工廠、農舍中走向了戰爭前線，一場轟轟烈烈的衛國戰爭開始了。

「颱風」卷向莫斯科

隨著德軍越來越深地侵入蘇聯的國土，希特勒和他的將軍們發現自己遇到了一個大問題——蘇聯的國土面積實在太廣袤了，幾乎相當於40個法國。3個集團軍群的指揮官也向希特勒抱怨說自己的兵力越來越分散，必須在莫斯科、列寧格勒和基輔之間確定一個或兩個主攻目標。以第2裝甲集群指揮官古德林為首的一批人認為應該先進攻莫斯科，畢竟莫斯科是蘇聯的首都，還是重要的交通樞紐，拿下它可以瓦解蘇聯人民的鬥志。而希特勒卻眼饞烏克蘭地區的石油和糧食，他認為只要從南、北兩翼占領了基輔和列寧格勒，德軍就能像一把鐵鉗一樣「夾碎」莫斯科這個硬核桃。雙方發生幾次爭辯，將軍們認為希特勒的指揮錯誤，希特勒則認為將軍們不會算經濟賬，不懂得以戰養戰。8月21日，獨斷專行的希特勒下令停止對莫斯科的進攻，原來隸屬中央集團軍群的第2裝甲集群向南加入對基輔的進攻，而第3裝甲集群則向北進攻列寧格勒。到了9

v 莫斯科戰役中被俘的德軍士兵

儘管德國士兵用衣帽將露在外面的頭和臉緊緊地裹住，眉毛和鬍子上還是結上了冰，連眼睛似乎也睜不開。

月，基輔被德軍攻陷，而北線的列寧格勒則陷入了苦戰，希特勒夢想中的南北兩路夾擊莫斯科的情況不會出現了。為了搶在冬天到來之前占領莫斯科，希特勒批准了代號為「颱風」的作戰計畫。中央集團軍群集中了76個師共180萬人，以及1700輛坦克、1.4萬門火炮和1300餘架飛機，用於對莫斯科的進攻。

10月2日，德軍正式發動了對莫斯科的進攻；10月7日，德軍突破蘇軍中央防線；10月13日，德軍重創蘇軍西方面軍；10月18日，德軍攻占距離莫斯科120公里的博羅金諾；11月底，德軍指揮官已經能從望遠鏡中看到克里姆林宮的圓頂，莫斯科的局勢到了最危急的時刻。為了打退侵略者的進攻，史達林將蘇軍名將朱可夫從列寧格勒調回了莫斯科，蘇軍統帥部也將遠東軍區的25個精銳師和1000多輛坦克調到了莫斯科方向，數萬名莫斯科市民加入了保衛首都的行列，男人們紛紛加入民兵師，婦女們冒著敵人的炮火在工廠裡生產武器。面對著蘇聯軍民的頑強抗擊，德軍的傷亡人數也在直線上升。在11月的最後兩個星期，德軍就傷亡了15萬人，損失坦克近800輛。而隨著冬天的到來，德國人嘗到了莫斯科嚴冬的「滋味」。從11月底開始，莫斯科的氣溫驟降到零下30攝氏度，還穿著夏裝的德軍士兵大量凍傷、凍死，活著的人不得不剝下戰友的衣服禦寒；大量汽車水箱被凍裂，甚至連機槍和無線電臺上都結了冰，德軍對前線的補給下降到了戰役初期的1/8，占領莫斯科成了一個不可能完成的任務。而在家門口作戰的蘇軍士兵則穿著暖和的大衣，戴著厚厚的手套和帽子，蘇軍的坦克也裝有適合冬季作戰的寬履帶，氣溫成了蘇軍的「總預備隊」。在這樣「天時、地利、人和」的條件下，勝利的天平開始向蘇聯傾斜。12月5日，沮喪的希特勒不得不命令德軍轉入防禦，而蘇軍則開始了全面反攻。1942年4月，蘇聯取得了莫斯科戰役的勝利，德軍損失了50萬人，其中凍死、凍傷10餘萬人，損失坦克1300輛、火炮2500門。希特勒的閃電戰徹底宣告失敗，從此他和他的軍隊走向了不可逆轉的毀滅。

關鍵字：藍色方案

史達林格勒戰役

■ 1942年7月～1943年1月

1942年的春天，希特勒懊惱地發現，自己在莫斯科這張「賭桌」上已經輸掉了1941年的大半籌碼，嗜賭成性的希特勒無法容忍這樣的失敗，他在1942年4月5日簽署了第41號作戰令，150萬德軍湧向了史達林格勒，這座窩瓦河上的著名城市注定要成為1942年東線戰場的焦點。

藍色方案

1942年3月，激戰了8個多月的東線戰場陷入了短暫的沉寂之中，蘇德雙方都有些筋疲力盡了。這種沉寂是希特勒所無法容忍的，算上莫斯科

< T-34/76型坦克

T-34坦克的炮塔頂端為車長和炮手各開了一個圓形艙蓋。由於這兩個圓形艙蓋並排打開的形狀相當類似老鼠的耳朵，因此德軍士兵最初也稱呼T-34為「米老鼠」。

城下的幾十萬具屍體，德軍在東線的傷亡總人數已經高達90多萬，大約占了德軍東線總兵力的1/5，而莫斯科卻依然像天上的月亮一樣遙不可及。和這些損失與失望相比，後勤部門的石油儲備報表更讓希特勒食不甘味。在整個1941年，德軍消耗的石油總量達到了800多萬噸，而德國現有的石油儲備根本補不上這個大窟窿。一旦沒有石油這珍貴的「戰爭血液」，德國的飛機和坦克將變成地面上的廢鐵。為了解決石油危機，重新掌握東線的戰略主動權，希特勒下達了第41號作戰令，德軍的南方集團軍群將重新劃分為A集團軍群和B集團軍群，它們將在南線發動進攻，奪取重要的高加索油田，然後再從南翼包抄莫斯科，整個作戰行動代號為「藍色方案」。

^ 為衝鋒槍填裝子彈的蘇軍戰士

在戰鬥的過程中為波波沙衝鋒槍裝填子彈是一件非常困難的事情。由於採用了自由式槍機，波波沙發生走火的機率很高，有時摔在地上都可能發射出一串子彈。儘管有這些缺點，但因為它的後坐力低和近距離的殺傷力巨大，波波沙還是深得蘇聯士兵的喜愛。

作為「藍色方案」中的主力軍，昔日的南方集團軍群下轄的60多個師只有1/3是滿員的。為了湊足進攻所需的兵力，希特勒從匈牙利、羅馬尼亞、義大利這些盟友那裡收集著一個又一個師的「炮灰」。到了1942年5月，希特勒為南線湊足了43個

^儘管身後的大樓已經被德軍的炮火炸得千瘡百孔，但第62近衛集團軍的蘇軍戰士們仍然在廢墟中堅持戰鬥，這樣的場面在中央火車站、紅十月工廠和窩瓦河碼頭隨處可見，毫不誇張地說，史達林格勒城內的每一寸土地都曾被蘇軍戰士的鮮血染紅過。

僕從師，再加上65個德國師，「藍色方案」總算能夠實施了。5月8日，由曼施坦因指揮的德軍第11集團軍開始進攻烏克蘭南部的克里木半島。5月15日，德軍占領了克里木半島東部的克赤半島；7月2日，德軍攻占克里木半島上的塞凡堡要塞，整個克里木半島落入德軍手中。與此同時，蘇軍西南方面軍在中央戰線發動的反擊也被德軍擊退，蘇軍的3個集團軍被德軍合圍，南方戰線的局勢再次惡化。初戰告捷讓希特勒信心大增，他覺得德軍在莫斯科戰役中是輸給了糟糕透頂的天氣，東線的戰爭將在這個「漂亮」的「藍色方案」中結束。

目標史達林格勒

1942年6月28日，德軍在南線發動了全面進攻。到7月中旬，德軍向東突進了150～400公里。希特勒在這時又心血來潮地更改了作戰計畫，他命令A集團軍群繼續向高加索進軍，而B集團軍群則向窩瓦河下游的重鎮史達林格勒發起攻擊，震驚世界的史達林格勒保衛戰終於打響了。

1941年的史達林格勒是一座有著60萬人口的城市，全蘇聯將近1/4的牽引車和機動車輛都由這座城市生產。希特勒覺得占領這座城市將在政治和經濟上給予蘇聯沉重打擊，於是他派出了B集團軍群的第6集團軍來完成這個任務。第6集團軍下轄6個軍（其中兩個是裝甲軍）18個師共25萬人，裝備有坦克740輛，火炮7000多門，集團軍的指揮官是深受希特勒器重的包路斯上將。就在第6集團軍接受任務的同時，史達林也下達了誓死保衛史達林格勒的227號命令，後來這個命令因為「寸土不讓」這四個字而名垂青史。蘇軍能用來保衛這個城市的是新建的史達林格勒方面軍，這個方面軍下轄第62、第63、第64共3個集團軍總計16萬人，僅僅裝備了400輛坦克和2000門火炮。儘管蘇軍在兵力和火力上處於劣勢，但史達林格勒的「地利」卻屬於蘇聯官兵，這座工廠林立、地形複雜的城市太適合巷戰了，德國人賴以制勝的空軍配合裝甲部隊、突擊步兵的機動作戰在這裡將無法施展。

鋼鐵城市

1942年7月23日，德軍對蘇軍第62集團軍的側翼發動了進攻；8月23日，德軍到達了窩瓦河上游；9月13日，德軍突入史達林格勒市區，戰略要地馬馬耶夫山崗和中央火車站遭到德軍4個師潮水般的攻擊。馬馬耶夫山崗位於史達林格勒的市中心，它是這座城市的制高點，占領它不但能俯覽整個城市的戰況，還能用重炮攻擊城市的每一個角落，因此這裡成了雙方爭奪的焦點，白刃戰反復上演。9月14日，德軍攻陷馬馬耶夫山崗和中央火車站，而負責守衛這兩處陣地的蘇軍第62集團軍司令崔可夫已經無兵可調。就在這生死關頭，蘇軍第13近衛師趕到了史達林格勒。9月16日，這個英雄師收復了馬馬耶夫山崗和中央火車站，而全師1萬多名官兵活下來的還不到3000人。

在接下來的兩個星期裡，史達林格勒市區的戰鬥進入白熱化，僅中央火車站一地就先後易手13次，城市的每個角落都變成了危險的戰場，死亡在這裡變成了司空見慣的事情。在戰鬥最激烈的日子裡，雙方先是一條街道一條街道地爭奪，後來就是一間房屋一間房屋地爭奪，最後乾脆是一寸土地一寸土地地爭奪，德國人將這樣的戰鬥稱為「老鼠戰爭」。在城中的一座居民樓中，由巴夫洛夫指揮的一支23人的蘇軍小分隊在大樓中堅守了56個晝夜，德國人的飛機、坦克、重炮始終無法摧毀這棟無比堅固的樓房，以至於一些德軍士兵歇斯底里地叫喊著：「魔鬼，他們都是魔鬼，他們竟然不怕子彈和火焰！」後來，這棟大樓被人們稱為「巴夫洛夫大樓」。

反攻時刻

儘管蘇聯軍民在流血的9月付出了巨大的代價，但史達林格勒的局勢還在進一步惡化。9月27日，德軍一度攻至距離62集團軍指揮部不到500公尺的地方，一向以樂觀和堅強著稱的崔可夫將軍也在日記裡寫道：「如果這樣的激戰再來一天，我們將被趕下窩瓦河。」就在當天夜裡，一個師的增援部隊緊急渡過了窩瓦河，使得崔可夫最終鞏固了自己的陣地。10月初，德軍的攻勢又轉向了北部的工業區，包路斯將他最後的3個步兵師和2個裝甲師投入了戰鬥，德國空軍也以每天3000架次的頻率對史達林格勒進行轟炸。10月4日，德軍攻占了紅十月曳引機廠。10月17日，崔可夫被迫將他的指揮部向後轉移了幾公里。就在這個時刻，崔可夫再次等到了援軍。10月31日，蘇軍發動了反擊，雖然只將德軍逐退了100多公尺，但崔可夫向包路斯傳遞了一個信號——「攻守之勢易也」。此時的德軍已經是強弩之末，從6月份到11月份，包路斯的第6集團軍傷亡尤其慘重，再也無力發動大規模的進攻了。

就在德軍攻勢最為瘋狂的10月，蘇軍已經集結了3個方面軍、11個集團軍共110萬人的兵力，準備要對包路斯的側翼動手。11月19日，代號「天王星」的大反攻正式開始發動，蘇聯軍隊的3000多門火炮將幾十萬噸復仇的炮彈發射到了敵人的頭上。一陣猛烈的炮擊過後，蘇軍以坦克為先導，向德軍兩翼發動了進攻。11月30日，包路斯的第6集團軍和第4裝甲集群的一部被合圍在史達林格勒，30多萬德軍成了甕中之鱉。

^ 走向戰俘營的弗里德里希・包路斯元帥

這位德軍元帥顯得如此的落魄，他的將軍服上滿是塵土和污漬，鬍鬚似乎也很久沒有打理。戰爭結束之後，這位昔日的元帥在紐倫堡審判中被判處監禁。刑滿獲釋後，他來到民主德國擔任了兩年的檢察官，1957年病逝於自己的家中。

末日來臨

第6集團軍被包圍的消息傳到「狼穴」後，希特勒的將軍們建議立即命令第6集團軍突圍。就在希特勒猶豫不決的時候，一向「成事不足，敗事有餘」的空軍司令戈林向希特勒保證，他的空軍每天可以向包路斯的部隊空投500噸的給養，足以支撐第6集團軍進行戰鬥。希特勒又一次相信了戈林的話，他一面命令包路斯堅守陣地，等待援軍；一面命令曼施坦因率領新組建的頓河集團軍向史達林格勒靠攏，準備給圍攻包路斯的蘇軍再來一個反包圍。可戈林的諾言最終成了可笑的大話，空軍每天最多也只能空投250噸的物資，大多數時候甚至只有100噸，而維持30萬德軍士兵的生存至少需要700噸的補給。曼施坦因那邊的救援行動進行得也不順利，直到12月中旬，他才突進到距離蘇軍陣地40公里的地方。筋疲力盡的曼施坦因發電報讓包路斯趕快突圍和自己會合，包路斯卻回電說第6集團軍的坦克早就沒燃料了，難道自己要用腳走路突圍？眼看救不出友軍，自己還可能陷入蘇軍包圍，曼施坦因只好拋下了包路斯，自己先溜走了。

友軍逃跑，糧草全無，寒冬降臨，包圍圈內的德軍已經到了難以為繼的地步，傷患因為得不到醫治紛紛死去，成千上萬的士兵被凍死在掩體裡。1943年1月8日，蘇軍向德軍發出了最後通牒。在被德軍拒絕後，蘇軍於1月10日發動了總攻。1月25日，蘇軍攻占了德軍控制的最後一個機場。一天後，德軍被徹底分割成了兩部分。走投無路的包路斯向希特勒發電報說：「部隊已經彈盡糧絕，抵抗下去是沒有意義的。」而希特勒的回電也「乾脆俐落」，就是一句話：「死守陣地，戰鬥到最後的一兵一卒。」1月27日，蘇軍發動了最後的攻擊，包路斯和23名德國將軍、2000名軍官、9.1萬名士兵成了蘇軍的俘虜。他們最終沒能像希特勒希望的那樣走向「勝利之門」，而是走向了贖罪的戰俘營。史達林格勒戰役的勝利是蘇德戰爭的轉捩點，蘇軍從此掌握了蘇德戰場的主動權，直到納粹德國的最後滅亡。

Visible history of the world

VISIBLE HISTORY OF THE WORLD

關鍵字：殺人工廠

奧斯威辛集中營

■ 1940年～1945年

在鐵絲網的後面，在這裡，

令人毛骨悚然的骷髏成堆。

人們在焚屍爐中被燒掉，

撒向四方的是他們的骨灰……

我們，死去的人們要控訴！

——奧斯威辛集中營倖存者的詩句

「殺人工廠」的建立

^ 奧斯威辛集中營受害者的照片牆

奧斯威辛原本是波蘭南部平原上一個綠樹成蔭、風景宜人的普通小鎮，它距離波蘭古城克拉科夫只有60公里。在波蘭淪陷之後，德國人占領了這裡，黨衛隊將小鎮上的一座波蘭兵營進行了改造，將其作為關押波蘭人的監

^2014年11月11日，波蘭奧斯威辛，臭名昭著的集中營大門，上面用德語寫著「工作使人自由」。

獄。不久，黨衛隊頭子希姆萊看上了交通便利但位置偏僻的奧斯威辛，希姆萊決定要把奧斯威辛建設成「最後解決」猶太人的理想場所。

1940年4月27日，黨衛隊高級官員阿帕德・維甘德設計並監督改造了奧斯威辛的舊兵營。緊接著，在奧斯威辛集中營負責人的主持下，集中營陸續擴建，形成了具有14座平房、6座兩層樓房的建築群。1940年6月14日，700名波蘭的政治犯被蓋世太保帶到了這裡，成為集中營的第一批關押者。從1941年起，蓋世太保不斷地向集中營送來吉卜賽人、捷克斯洛伐克人、蘇聯人、法國人，而送來最多的則是猶太人。隨著囚犯人數的急劇增長，集中營也開始不斷地擴建。到整個第二次世界大戰結束時，奧斯威辛集中營已經變成了擁有3個主營、39個衛星營，占地40平方公里的建築群。

慘絕人寰

奧斯威辛集中營之所以出名，並不只是因為其占地面積廣大，營區眾多，而是因為納粹德國在這裡修建了5座帶毒氣室的焚屍場，這讓奧斯威辛集中營成了納粹德國所有集中營中殺人數量最多的地方，它也因此得名「殺人工廠」。

最初的時候，集中營中的劊子手們採取槍殺的方法處決關押者。可他們覺得這樣做既費時又費事。於是，奧斯威辛有名的劊子手霍斯提議採用釋放毒氣的方式來處決犯人，而無色無味的氫氰酸毒藥──「齊克隆B」就成了納粹的首選。1941年9月3日，集中營的看守將250名波蘭人和

600名蘇軍戰俘關進了11號囚室的地下室，看守們向地下室釋放「齊克隆B」。1個多小時之後，850名犯人全被毒死，納粹分子的實驗獲得了「成功」。

從那時開始，直到1944年11月3日停止用毒氣殺人，奧斯威辛幾乎每一天都在上演著同一幕慘劇。裝滿猶太人的列車從歐洲各地開來，人們被鎖在火車裡。一到月臺，車門被打開，猶太人在黨衛隊看守的叫嚷聲與軍犬的狂吠聲中被趕下火車，按照性別和年齡排成幾隊，那些老、弱、病、殘的人直接被汽車送往了奧斯威辛2號營地。車隊到達後，黨衛隊士兵將猶太人趕下汽車，告訴他們要進行例行的「消毒」。就這樣，越來越多的受害人被塞進了毒氣室。沉重的大門被關上，黨衛隊士兵將「齊克隆B」從通氣孔倒入房間後就立刻把氣孔封上。恐慌的人群開始向大門旁擁擠，人們互相擁擠著、抓撓著，想越過人牆呼吸到外面的空氣，然而他們最終還是血跡斑斑地倒了下去，門口形成了一個巨大的屍堆。

半個鐘頭以後，集中營的看守用抽氣機把毒氣抽掉，然後打開大門，從犯人中挑選的「特別隊」的人員就會走進毒氣室，他們先將屍體從毒氣室裡拖出來，然後在屍體裡尋找金牙，並剃掉死者的頭髮。接著，「特別隊」人員將屍體運往焚屍爐，用高壓水槍沖掉地上和牆壁上的血污與糞便，再噴灑香水，將毒氣室恢復成淋浴室的樣子，等待下一批受害者的到來。從1940年到1945年，一共有400多萬人被殺害於奧斯威辛集中營。

1945年1月，蘇聯紅軍逼近了奧斯威辛。納粹德國的劊子手們自知滅亡在即，他們炸毀了所有的毒氣室和焚屍爐。當蘇聯紅軍到達這裡的時候，整個集中營僅存7000名瘦骨嶙峋的囚犯。隨後，蘇聯紅軍打開了倉庫，在裡面發現了80多萬件女裝、34萬多套男裝和整整7噸的頭髮……至此，奧斯威辛這個人間地獄第一次為世人所知，舉世為之震驚。1979年，奧斯威辛集中營被聯合國教科文組織列為世界文化遺產，奧斯威辛成為人們憑弔那段悲慘歷史的場所。

VISIBLE HISTORY OF THE WORLD

關鍵字：反擊戰

突出部之役

▪ 1944年12月16日

對於希特勒來說，1944年12月16日至17日是他生命中最難熬的24個小時。就在這一天，希特勒為了扭轉西線戰局，將德軍僅存的精銳部隊從東線拉回到西線，在亞爾丁山區對盟軍展開了凶狠的反擊。這次反擊是納粹德國在崩潰前的最後一次掙扎……。

衛兵出籠

戰爭進行到1944年秋天，希特勒的第三帝國已經苟延殘喘了。盟軍在諾曼第登陸以後，迅速向東開進，連續解放了巴黎、安特衛普等重要城市，逼近了德國本土。東線的蘇聯紅軍也在全線反攻，波蘭、羅馬尼亞、匈牙利相繼解放。深陷兩線作戰之中的德軍已經是捉襟見肘，難以維持。但希特勒是不甘心失敗的，只要他還有一點兒力量，他就要再進行一次反擊。經過反復思考，希特勒把反擊的地點定在了他熟悉的亞爾丁山區。1940年5月，德軍的A集團軍群就是從這裡發動

< 全副武裝的德國傘兵

^1944年年底，在德軍總參謀部中，希特勒正和他的高級將領們一起討論即將開始的反擊。坐在中間的是希特勒，他的右邊是帝國元帥戈林，左邊正在進行講解的是總參謀長古德林。

了鐮刀般的襲擊，將整個法國一分為二，最終取得了西歐戰場的勝利。1944年的戰場形勢和1940年有幾分相似：首先，美軍的第1集團軍正在亞爾丁山區的北部苦戰，美軍的第3集團軍則在亞爾丁山區南面的梅斯與德軍交火，偏偏是亞爾丁山區的正面只有5個正在休整的美軍步兵師防守。希特勒覺得，只要自己的坦克再次從亞爾丁山區出擊，西線的戰局就將得到根本性的扭轉。

1944年11月，德軍總參謀部在希特勒的直接干預下制定了代號為「萊茵衛兵」的作戰計畫。這個計畫的核心思想就是集中兵力，穿越美軍防禦薄弱的亞爾丁山區，強渡馬斯河，直插盟軍重要的補給港口安特衛普，把整個西線盟軍斷為兩截。然後

^德軍在亞爾丁戰場上的衝鋒

突出部之役開始前，德軍派遣了大約2000名會講英語的突擊隊員，裝扮成美軍，乘坐吉普車潛入美軍的防線，然後化整為零，四處切斷美軍的電話線，移動路邊的路標，埋設地雷，盡其所能地給美軍製造混亂。

重複德軍在1940年夏天的戰術，將西線盟軍各個擊破，迫使英美與德國媾和，再將主力調往東線與蘇聯決戰。這個異想天開的計畫讓德軍元帥倫德施泰特等人苦笑不已，這時的德軍已經不是1940年的德軍了，當年突出亞爾丁山區的德軍A集團軍群可是下轄百萬兵力，現在能湊出幾十萬人就很不容易了。而盟軍也不是1940年渾渾噩噩的法軍，美國第1、第3集團軍都是久經沙場的悍卒。盟軍總司令艾森豪、美軍第3集團軍司令巴頓都有勇有謀，他們可不會像法國總理雷諾那樣遇到打擊就驚慌失措。可倫德施泰特剛把自己的意見回饋給希特勒，就挨了一頓臭罵，希特勒認為這些老派的軍官滿嘴都是「失敗主義的屁話」，自己的計畫絕不能因為這些人而停止。為了保證「萊茵衛兵」計畫的迅速實行，希特勒一面任命自己信任的莫德爾元帥擔任指揮，一面從東線調來了大批部隊，其中包括他最信任的武裝黨衛隊四大王牌裝甲師——「阿道夫・希特勒」旗師、「帝國」裝甲師、「霍亨斯陶芬」裝甲師和「希特勒青年團」裝甲師。德軍在亞爾丁山區一共集中了25個師的兵力，坦克1500輛、飛機3000餘架，這已經是希特勒的全部家底了。

戰鬥開始

在德軍開始正式進攻之前，祕密戰線上的戰鬥已經打響。德軍精心挑選了2000多名會講英語的士兵，然後給他們穿上美軍制服，換上美式武器和吉普車，讓他們在開戰前一周就滲透到盟軍的後方。這些德軍士兵大肆破壞盟軍的電話線，更改路標，甚至還偽裝成憲兵，將增援亞爾丁山區的美軍部隊指向完全錯誤的方向，給盟軍帶來了巨大的損失。希特勒這邊緊鑼密鼓地準備著反擊行動，盟軍那邊卻毫無察覺。儘管盟軍例行的空中偵察已經發現德軍龐大的裝甲部隊正向西線開進，法國地下抵抗組織也向盟軍匯報說德國人正在亞爾丁山區修建彈藥倉庫，但盟軍最高司令部還是想當然地認為希特勒沒有足夠的兵力和燃料發動一次大規模的進攻，只有巴頓對亞爾丁方向表示了擔憂。

1944年12月16日凌晨五點半，德軍的第5、第6、第7裝甲集團軍分3路對亞爾丁山區發動了突然襲擊。德軍的重炮先是對美軍陣地進行了一個多小時的火力壓制，然後數百部探照燈將美軍陣地照得如同白晝一樣，美軍士兵陷入了一片混亂之中。數小時之後，密密麻麻的德軍坦克和德國步兵開始猛攻美軍陣地。當時駐防北線的美軍部隊是成立不久的第99師，該師既沒有「大紅一師」（美軍步兵第1師）的勇悍，也沒有騎一師的裝備，但他們還是頑強地阻擊了第6裝甲集團軍一天的時間。和北線相比，中路的德軍第5裝甲集團軍所遇到的情況要好得多，他們的對手是在此前的戰鬥中嚴重減員的美軍第28師和剛從美國開來、毫無作戰經驗的美軍第

106師。12月17日，德軍以鉗形攻勢包圍了第106師的兩個團，近8000名美軍成了德國人的俘虜。南線的第7裝甲集團軍雖然只下轄4個師，裝備也最差，但突進速度比起前面兩個集團軍來並不遜色，看上去德軍的「三叉戟」進攻又成功了。到了12月20日，德軍的3個集團軍突破了盟軍的一部分防線，向前推進了30～50公里。可他們的前方橫亙著一個叫做巴斯通的小城，這個小城是幾條公路和鐵路的交叉點，占領了它，德軍將以更快的速度向縱深挺進。於是圍繞著這座不起眼的小城，盟軍和德軍展開了激烈的戰鬥。

盟軍的反擊

在接到德軍反攻的消息之後，盟軍最高司令部並沒有意識到這有多麼重要。直到16日下午，德軍的進攻開始了整整12個小時後，盟軍最高司令部才得到確切的情報。總司令艾森豪這才明白德國人想製造第二個敦克爾克，他急忙派出了兩個裝甲師增援亞爾丁山區，穩固盟軍的防線。穩住心神後，艾森豪又將鼎鼎大名的第82空降師和101空降師調往

v MP38/40衝鋒槍

MP38/40衝鋒槍是「二戰」期間德國生產的一款著名的自動武器，「MP」為德語衝鋒槍的首字母縮寫。該槍是德國埃爾馬兵工廠為滿足裝甲部隊和傘兵的需要，於1938年開始生產的，同年列裝部隊。世人對這種槍械的認識來自「二戰」初期德軍發動的閃電戰，一般人心目中德國兵的形象有兩個特徵：頭戴M35式大耳鋼盔和手持MP38/40衝鋒槍。

前方，其中第101師負責支援巴斯通。此時的101師還不是後來名震天下的空中突擊師，但它的反應速度還是快得出奇，全師在兩天內乘卡車前進了將近200公里。10月19日，101師在副師長安東尼・麥考利夫准將的帶領下趕到了巴斯通。接下來的3天時間裡，101師和城內守軍一起擋住了德軍3個裝甲師的猛烈攻擊。12月22日，傷亡慘重的德軍派人向美軍勸降，麥考利夫準將想都沒想就回答了一句美國俚語：「Nuts!」負責翻譯的一位美國軍官實在不知道該怎麼翻譯這個單詞，就隨口對德國人說道：「狗屁！」（也有翻譯為「呸」或者「笨蛋」的）這個回答也成了這場戰役中的一段趣聞。

盟軍最高司令部很快就得知了巴斯通的苦戰，艾森豪連續下了3道緊急命令：首先，英國名將蒙哥馬利接手美軍第1集團軍的指揮權，負責在北線嚴防死守；其次，盟軍空軍部隊出動運輸機給第101師補充彈藥；最後，嚴令巴頓的第3集團軍迅速增援巴斯通，一定要保住這個交通要地。而巴頓早就透過無線電命令第3集團軍以近乎瘋狂的速度向目標前進。12月24日，第101師得到了平安夜的禮物——盟軍運輸機給他們投下了急需的炮彈、子彈、血漿和食品，美軍一度低落的士氣再次高漲了起來。12月26日，巴頓的坦克開進了巴斯通，德軍占領這座小城的希望徹底變成了泡影。

不可逆轉的失敗

眼看對面的美軍越來越多，德軍的第5集團軍決定放棄巴斯通，全軍向北線進發，配合第6集團軍吃掉美軍第1集團軍。然而老天卻不給德國人這個機會，從12月25日開始天氣突然放晴，盟軍轟炸機開始大顯身手，毫無制空權的德軍被炸得人仰馬翻。除此之外，美軍第2裝甲師也挫敗了德軍裝甲部隊的進攻，德軍原本就不多的石油儲備幾乎消耗殆盡。眼看著亞爾丁反擊戰已經是必敗之局，倫德施泰特和莫德爾都勸說希特勒結束亞爾丁反擊戰，保存所剩無幾的實力。但此時的希特勒哪裡聽得進去，他命令空軍掩護裝甲部隊向亞爾薩斯地區發動進攻。1945年1月1日，戈林拼湊出了最後的空軍力量，大約900架次的德軍轟炸機空襲了比利時境內的盟軍機場，200多架盟軍飛機被擊毀在了地面上，西線的局勢再度緊張起來。

1月6日，英國首相邱吉爾向史達林發出求援電報。儘管蘇軍還沒有做好大規模進攻的準備，但史達林還是命令蘇聯紅軍在東線發動全線進攻。拆了東牆補西牆的希特勒這下傻了眼，他的東線主力全部聚集在了亞爾丁山區，東線剩餘的兵力根本抵擋不住蘇聯紅軍的進攻。無奈之下，希特勒不得不把亞爾丁山區的兵力調往東線。1月16日，美軍第1、第3集團軍勝利會師。1月28日，德軍撤回到反擊開始之前的防線，亞爾丁反擊戰徹底失敗了。在這次戰役中，盟軍傷亡8萬餘人，德軍傷亡近10萬人，損失了包括800輛坦克和裝甲車輛在內的技術兵器。希特勒已經用光了他最後的戰略預備隊，除了引頸就戮外他什麼也做不了了。

v「虎」I坦克

第二次世界大戰中，東線戰場上彷彿成了經典坦克的展覽廳，蘇軍的T-34坦克、KV-1型坦克和德軍的「虎」I坦克、「黑豹」坦克都是這個展廳當中最耀眼的明星。在整個「二戰」中，「虎」I坦克一共只生產了1300多輛，而它的主要對手T-34坦克的生產數量卻達到了5.3萬輛，相當於是「虎」I的40倍。

VISIBLE HISTORY OF THE WORLD

關鍵字：德國投降

希特勒之死

▪ 1945年4月30日

1945年4月30日，隨著柏林總理府地堡裡的一聲槍響，阿道夫·希特勒這個20世紀最大的戰爭販子命歸黃泉，他一手建立的第三帝國也在一周後土崩瓦解。在過去的5年零8個月裡，希特勒和他的第三帝國發動了一場人類文明史上罕見的戰爭浩劫，人類生活的這個世界被這場戰爭變成了碾碎血肉的磨盤。然而歷史的車輪無人可以阻擋，最終，戰爭的發起者在戰爭中走向了毀滅。

兵臨城下

突出部之役後，希特勒的第三帝國失去了最後的抵抗之力。1945年2月至3月間，蘇聯紅軍在北起波羅的海、南到多瑙河的廣大地區發動了全線進攻，相繼取得了維斯瓦河－奧得河戰役和東普魯士戰役的勝利。到了4月初，蘇軍前鋒

v 電影《帝國的毀滅》劇照

2005年，德國導演奧利弗·希施比格拍攝了反映希特勒一生中最後12天的電影《帝國的毀滅》，再現了蘇聯紅軍攻克柏林，希特勒同新婚妻子伊娃·布朗自殺於地下掩體的歷史事件。

部隊距離柏林只有60公里的距離。英美盟軍在西線戰場也是高歌猛進，漢堡、不來梅全部在盟軍兵鋒所指之下，盟軍的先頭部隊也前進到了距離柏林只有100公里的易北河。軍事上遭遇大潰敗後，納粹政權的經濟和政治鏈條也相繼崩潰。魯爾的煤、西利西亞的鋼鐵成了盟軍的戰利品。石油有消耗沒補充，大批12至16歲的少年被強征入伍，昔日的盟友日本、義大利也是垮的垮、降的降，納粹德國的巢穴——柏林已經成為最後的攻擊目標。

此時希特勒在哪裡呢？自從亞爾丁反擊戰打響後，希特勒就搬進了柏林總理府下面的地堡。這座陰森恐怖的地堡深入地下將近20公尺，頂部覆蓋著10公尺厚的混凝土。從1944年12月16日開始，希特勒就躲在地堡裡指揮德軍頑抗，直到他自殺身

v1945年4月20日是希特勒的56歲生日，這一天他在柏林總理府接見了「希特勒青年團」的少年們。這些少年最大的不過15歲，最小的只有9歲，他們都被編入了柏林的城防部隊，變成了希特勒和第三帝國的陪葬品。

亡。這樣的生活持續了100多天。在這段時間裡希特勒除了給他的將軍們發布各種軍事命令，就是「潛心苦讀」普魯士國王腓特烈大帝的個人傳記。前面我們講到過，腓特烈大帝是德國人心中的一代戰神。七年戰爭中，腓特烈大帝也是連戰連敗，在最後的危急關頭因為俄國沙皇的病死而反敗為勝。腓特烈大帝的經歷讓希特勒覺得世界上還是有奇蹟的，沒準兒自己就是下一個受益者。4月12日，美國總統羅斯福去世，副總統杜魯門接任總統。這個消息傳到柏林後，希特勒喜出望外，他對德軍軍官發表了熱情洋溢的講話，宣稱：「羅斯福的死將成為西線的重大轉折，上帝和第三帝國站在一起。」緊接著，希特勒派出密使和英美接觸，希望能在西線單獨媾和。可這個最後的幻想再次破滅了，英美法三國的軍隊依舊在西線猛烈進攻，納粹政權存活的時間已經屈指可數。

目標柏林

1945年4月中旬，蘇軍的3個方面軍21個集團軍共250萬人進抵柏林。此外，蘇軍動用的技術兵器還包括4萬門火炮、6000輛坦克和7000餘架飛機。希特勒用來守衛柏林的力量只有100萬人、1萬門火炮和1500輛坦克，兵力和技術兵器都只相當於蘇軍的1/4。4月16日，柏林戰役正式打響。當天早上6點15分，蘇軍的數千門火炮將上百萬發炮彈發射到德軍陣地之上，兩個鐘頭之內，2000多節車皮的炮彈全部打光。炮火攻擊完畢後，蘇軍步兵在坦克的支援下向德軍發起了猛烈進攻，德軍也在自己的家門口嘗到了步坦協同攻擊的滋味。經過4天苦戰，到4月20日，柏林的周邊防線全部崩潰，蘇軍開始向柏林市區發動進攻。一時間，柏林市內炮聲如雷，殺聲震天，戰爭已經到了最後的一刻。

就在蘇軍突進柏林市區的當天，希特勒迎來了自己56歲的生日。可這個生日和他之前所過的任何生日都不相同，沒有10萬人的盛大遊行，沒有全國各地蜂擁而來的賀電，有的只是蘇聯重炮的轟鳴聲。當天上午，戈林、戈培爾、希姆萊等納粹黨的元老來到了地堡之中。與其說這些臉色蒼白、手腳顫抖的納粹高官們是來向他們的元首祝賀壽辰的，還不如說他們是來勸希特勒尋找出路的。這些心腹力勸希特勒和政府部門一起遷移，不要再死守柏林。可希特勒毫不為部下的言辭所動，反而繪聲繪色地宣稱「德軍將在柏林城下獲得一場偉大的勝利」。眼看希特勒的妄想症已經無法醫治，戈林和希姆萊決定各奔前程，他們在當天夜裡悄悄溜出了柏林。

v 1945年6月，一群分別來自英國、美國和蘇聯的盟軍士兵站在德國總理府前合影。一名英軍士兵還站到了總理府的陽臺上模仿希特勒的演講，圍觀的士兵們禁不住開懷大笑。

斃命時刻

4月22日，希特勒在地堡中舉行了最後一次作戰會議。他的將軍們建議將西線部隊全部都調來柏林，與蘇軍決一死戰。希特勒立刻批准了這一計畫，他還命令自己的將軍將每一個士兵和每一輛坦克都投入到戰鬥中去，而他自己要和柏林「共存亡」。不論希特勒所言是真是假，他的手下已經不想陪他一起走向地獄了。23日，戈林從上薩爾斯堡給希特勒發來電報，要求希特勒宣布戈林為繼承人，由戈林「接管帝國的全部權力」。同一天，黨衛隊頭子希姆萊也透過中間人和英美祕密接觸，表示願意向英美投降。他們的所作所為讓希特勒大受刺激，他一邊大罵戈林是個「懦弱的叛徒、腐爛的吸毒者」，一邊下令撤銷希姆萊的一切職務，將其逮捕法辦。

就在希特勒為部下的背叛氣得暴跳如雷的時候，他又接到了一個「噩耗」，他的盟友墨索里尼在逃往瑞士的途中被義大利遊擊隊抓獲。經過簡單的審訊，墨索里尼被當場槍決，他的屍體被運到了米蘭，倒吊於路燈之上，受到千萬人的唾罵。希特勒不想自己落得和墨索里尼一樣的下場，他覺得是時候做些準備了。4月27日，蘇軍攻入了柏林市區，攻下帝國總理府只是時間問題。4月28日午夜，在地堡的小會議室中，希特勒和伴隨了他12年的情婦伊娃・布朗舉行了結婚儀式。這個炮火中的婚禮異常倉促，男女雙方先宣誓自己是純血統的雅利安人，而且沒有任何遺傳病症，然後證婚人口頭詢問了兩人是否自願結為夫妻，在雙方表示同意之後，證婚人匆匆簽署了結婚證書。一場沒有飄落的鮮花，沒有潔白的婚紗，甚至沒有任何祝福的結婚儀式就這樣結束了。隨後，希特勒向私人祕書口述了自己的遺囑：他任命海軍元帥鄧尼茲為自己的繼承人，戈培爾為政府總理。此外，希特勒還大放厥詞：「戰爭是猶太人先挑起的。」

^ 1945年5月2日，一名紅軍戰士正爬上國會大廈的頂部，將飄揚的紅旗插入其中。

4月30日上午，蘇軍一路進攻到了和總理府一街之隔的地方。吃過午飯後，希特勒從他臥室的保險櫃裡

^ 希特勒屍體被焚燒處

圖片中左邊放著幾個空汽油桶，右邊站著幾位盟軍官兵，坑中的人是一名總理府的衛兵，似乎在介紹當時焚燒屍體的情形。

取出了一把7.65公釐的瓦爾特手槍。他的兜裡還揣著2枚氰化鉀毒丸。與戈培爾等人進行了簡單的告別之後，希特勒和伊娃·布朗回到了自己的臥室。不久，在走廊上靜候的戈培爾等人聽到了一聲沉悶的槍聲。幾分鐘後，這些人走進了希特勒的房間，他們發現希特勒的屍體倒在沙發上，殷紅的鮮血從他的右太陽穴流出。伊娃·布朗的屍體就在希特勒的旁邊，她的身上沒有明顯的外傷，但空氣中彌漫的苦杏仁的味道說明她是服用了劇毒的氰化鉀。按照希特勒之前的叮囑，他的衛隊長格林和兩名衛士將他和伊娃·布朗的屍體用軍用毛毯裹了起來，然後搬到了花園裡並將大約20公升的汽油倒在了兩人的屍體上，點燃汽油的一瞬間，熊熊的烈火吞沒了兩人的屍體。一天以後，戈培爾也步了希特勒的後塵，他毒死了自己的6個孩子，然後讓衛士向自己和妻子開了槍。

德國投降

希特勒死後，漢堡廣播電臺對外宣稱希特勒是在保衛柏林的戰鬥中犧牲的。希特勒的繼承者鄧尼茲隨即發表廣播講話稱「他將承擔起拯救德國的任務」。然而這些謊言最終被證明是如此的滑稽。5

^1945年5月7日，在西線盟軍司令部所在地蘭斯，德國代表阿佛烈·約德爾上將正在簽署無條件投降書。由於蘇聯方面的不滿，第二天在柏林東南的小城卡爾斯霍斯特，同樣的場面又再進行了一次。不同的是，德國方面的代表變成了陸軍元帥威廉·凱特爾。

月2日，蘇聯紅軍占領了柏林，紅旗插上了帝國大廈的樓頂，30萬德軍放下了武器。5月8日晚上12點整，在柏林市內的一座學校裡，德國代表凱特爾元帥在無條件投降書上簽了字。

歷史將永遠記住1945年5月8日這一天，歐洲大陸上再也沒有俯衝轟炸機的轟鳴聲，集中營裡再也沒有痛苦的呻吟聲，德國的街道上再也沒有蓋世太保冰冷的皮靴聲，廣播裡再也沒有希特勒歇斯底里的喊叫聲。在過去5年零8個月的時間裡，德國在向外侵略擴張、給世界人民帶來無盡苦難的同時，自身也飽嘗了戰爭的傷痛。650萬軍人和平民死於戰火，經濟損失高達3000億美元，無論是經濟、軍事還是道德良知，德意志民族都跌入了歷史的最低谷。

第四章

統一是主旋律：奏曲民族的《歡樂頌》

戰後的德國被分裂成了「一個民族、兩個國家」，透過深刻反思戰爭中的責任，德國人完成了與納粹統治時期的精神切割。1990年，德國布蘭登堡門上的和平女神再次見證了歷史性的一幕，分裂了41年的德國重新統一了。統一後的德國又在經濟上創造了一個又一個的經濟奇蹟，奏響了一曲和平崛起的樂章。

VISIBLE HISTORY OF THE WORLD

關鍵字：戰犯

紐倫堡大審判

▪ 1945年11月～1946年10月

如果我們把被告的話綜合起來，人們會得出這樣一個結論——納粹們沒有提起過罪惡，甚至不知罪惡為何物……他們拼湊起來的話荒唐得令人難以置信，如果他們的話可信的話，那麼上帝就不可信了，因為這等於是說根本沒有發生過戰爭，沒有發生過屠殺，也沒有發生過罪惡。

——選自紐倫堡國際軍事法庭判決書

定庭紐城

1945年5月8日，響徹歐洲戰場5年零8個月的槍炮聲終於停止了。對於這場剛剛結束的戰爭，所有人都在反思著一些東西：為什麼德國成了兩次世界大戰的策源地？怎樣才能讓德意志民族從納粹十幾年的精神催眠

< 紐倫堡法庭舊址

中清醒過來？最終，美國聯邦法院法官勞勃・傑克森的建議被盟國接受，美、蘇、英、法四國決定舉行一個公開、公平、公正的審判，將納粹的罪行曝於天下。1945年8月8日，美、蘇、英、法四國在英國倫敦簽署了《倫敦協定》和《歐洲國際軍事法庭憲章》，四國決定各派出一名法官和一名助理法官，組成國際軍事法庭，以戰爭罪、破壞和平罪和反人道罪正式起訴那些犯下滔天罪行的戰爭罪犯。

這樣莊嚴肅穆的審判自然要選擇一個合適的審判地，英、美、法提議將審判地定在慕尼黑，而蘇聯則主張在柏林進行審判。可這兩座城市要嘛還殘存著不少納粹餘黨，要嘛已經在戰火中變成了一片瓦礫，都不適合作為戰犯審判地。最後，四國接受了一個折中方案——在巴伐利亞州的紐倫堡進行這次世紀大審判。紐倫堡是巴伐利亞州的第二大城市，它曾經是德國皇帝的行宮所在地和納粹黨的「發祥地」。1935年，納粹黨就是在紐倫堡通過了臭名昭著的《紐倫堡法案》，宣布取消猶太人的德國國籍，將迫害猶太人變成了「成文的法律」。到了1945年，紐倫堡成了盟軍飛機重點轟炸的目標。戰爭結束時，這座城市90%的建築物已被摧毀，但紐倫堡的法院卻保存了下來。在這樣一座城市審判發動戰爭的罪人們真是再合適不過了。

現在開庭

1945年8月12日，一批神情憔悴的人被投入了巴伐利亞州的米斯巴哈監獄。他們是：納粹政權的二號人物、空軍元帥赫爾曼・戈林；發明「狼群」戰術，被希特勒稱為「海上隆美爾」的海軍元帥鄧尼茲；被希特勒譽為「比俾斯麥更偉大的外交部部長」的里賓特洛甫；親手簽發了「巴巴羅薩」計畫的陸軍元帥威廉・凱特爾；參與「最後解決」猶太人的保安總局局長卡爾騰布倫納；參與屠殺了300萬波蘭人的波蘭占領區總督漢斯・法郎克；希特勒的「經濟大管家」、帝國銀行行長瓦爾特・馮克……。

^為了讓所有被控有罪的20名戰犯（左上角盟軍衛兵身前）在受審時得到充分的辯護，紐倫堡國際軍事法庭在開庭之初就為他們配備了22位辯護律師，這些律師全是被告從盟國提供的一張德國律師的名單中挑出來的。庭審中，控辯雙方你來我往，唇槍舌劍，激烈的法庭辯論進行了很長時間，這也大大延長了整個審判的時間。

這些人無一不是納粹黨的高官貴戚，每一個人的手上都直接或間接地沾滿了戰爭受害者的鮮血。在美軍管理的監獄之中，這些昔日不可一世的大人物食不甘味、夜不能寐，戈林的體重從入獄時的125公斤一下子降至不到100公斤，凱特爾的元帥肩章被沒收，漢斯・法郎克甚至還被幾個美籍猶太裔士兵打了一頓。儘管內心惶惶不可終日，但他們仍然不思悔改，戈林甚至大言不慚地說：「60年之後，德國到處都將是我的塑像。」10月18日，一份長達10頁的起訴書被分別送到了戰犯手中。對此，凱特爾的反應是：「對我這樣的一個軍人來說，命令就是命令。」鄧尼茲則在簽名處寫道：「這份文件是一份不折不扣的美式幽默。」

11月20日上午10點03分，紐倫堡國際軍事法庭正式開庭，21名德國戰犯（原起訴為24人，希特勒的祕書馬丁・鮑曼還在追捕中，一名戰犯在獄中自殺，另一名戰犯則因病重被獲准不出庭）在美國憲兵的押解下垂頭喪氣地進入了被告席，然後是他們的辯護律師和公訴方入席。最後，4名大法官出現在莊嚴的審判席上。在記者席上坐著250多名來自世界各地的記者，他們用手中的筆和相機記錄了這一重要的歷史時刻。10點15分，審判長勞倫斯宣布：「全體注意，現在開庭。」

法庭上的較量

審判長宣布開庭之後，美、蘇、英、法四國的公訴代表開始發言。美國公訴代表勞勃・傑克森上來就說道：「今天，站在公訴席的護欄前的不是我們4人，真正的起訴人是整個的人類文明。」緊接著，各國公訴代表輪流宣讀了有關納粹黨在歐洲各地所犯的罪行，殺人、搶劫、強姦、有組織的種族滅絕等恐怖名詞不斷出現。特別是現場放映黨衛隊處死猶太人的紀錄片時，法庭裡響起了一片唏噓之聲，甚至有女記者當場昏厥。公訴代表剛開始陳述的時候，坐在被告席上的21名戰犯們還神情自若，戈林還不時回頭給身後的凱特爾一個微笑。可隨著大量證據的列舉，戰犯們的表情有了明顯的變化：里賓特洛甫不時地用

˅ 1946年9月21日，在紐倫堡國際軍事法庭上為自己做無罪辯護的納粹二號人物赫爾曼・戈林

作為國會縱火案的「導演」、納粹黨的二號人物，戈林一上來就把責任推給了死人。他宣稱自己對屠殺猶太人的事情毫不知情，因為那是希姆萊一手策劃的；希特勒發動的戰爭也不是他的責任。這種可笑的狡辯並沒有讓他逃脫正義的審判。

^ 坐在被告席上面的戰犯，第一排從左一至左七分別為赫爾曼・戈林、魯道夫・赫斯、里賓特洛甫、威廉・凱特爾、卡爾滕布倫納、阿佛烈・羅森堡、漢斯・法郎克。

手絹擦著額頭上的汗水，馮克在低聲哭泣，戈林則一臉不自然地用筆記錄著公訴方第多少次提到自己的名字……他們隱約感到喪鐘即將為自己敲響。下午4點左右，公訴代表念完了全部起訴書，21名被告根據起訴書回答自己是否有罪，而這21個人卻全部聲稱自己無罪。公訴方知道他們不會輕易認罪，一場激烈的較量即將開始。

1945年11月21日上午，針對每名戰犯的公訴和辯護正式開始，首先被公訴的就是納粹政權的二號人物戈林。作為國會縱火案的「導演」、蓋世太保的第一締造者、納粹政權現存的最高人物，戈林一上來就把責任推給了死人，他宣稱自己對屠殺猶太人的事情毫不知情，因為那是希姆萊一手策劃的；希特勒發動的戰爭也沒有他的責任，因為他只是納粹黨的二號人物，他必須服從希特勒的命令。

戈林甚至還反問公訴方：「有什麼證據能證明有600萬人死在了納粹的集中營裡？」詭辯無法掩蓋事實的真相，公訴方提供了大量的證人證言，證明戈林策劃了國會縱火案，建立了蓋世太保和集中營，他還竭盡全力地剝奪猶太人的財產，並盡其所能地參加整個戰爭，他是一個「僅次於希特勒而集全體被告罪惡活動之大成的人物」。

在戈林之後被起訴的是鄧尼茲、凱特爾和里賓特洛甫。作為希特勒指定的繼承人，鄧尼茲的戰爭罪行主要集中在侵略戰爭上，在他的率領下，德國海軍的1000多艘潛艇在整個戰爭期間一共擊沉了1840萬噸的盟軍商船。此外，他還授意士兵殺害遇難船隻中的倖存者。對於公訴方的指控，鄧尼茲辯稱自己並不清楚海軍有屠殺海上倖存者的事情。陸軍元帥凱特爾也是納粹政權最忠心的爪牙，他參與了侵略捷克斯洛伐克、波蘭、挪威等國的軍事行動，被指控犯有戰爭罪。和鄧尼茲一樣，凱特爾也以自己是一名軍人，在戰爭中的所有行為不過是服從命令為由來推脫責任。里賓特洛甫雖然不像上述兩人一樣指揮納粹軍隊攻城掠地，但他一手策劃了一系列的外交陰謀，吞併奧地利、挑動蘇台德危機、迫害占領區的猶太人等行動都有他的份。最終，上述3人全部被宣判有罪。

天理昭彰

經過218天的公訴、辯論和審判，紐倫堡國際軍事法庭一共開庭403次，對3000多份原始資料進行了核實，113人來到法庭提供了口頭證言，143人向法庭提供了書面證言，整個審判紀錄厚達1.7萬頁，飛揚跋扈的納粹罪犯們在事實面前最終低下了頭顱。1946年9月30日，紐倫堡國際軍事法庭開始宣讀判決書，判決書長達250頁，判決書中對所有戰爭罪犯做出了莊嚴的判決：21名被告中的18人被判有罪，戈林、里賓特洛甫、凱特爾、卡爾騰布倫納等12人被判處絞刑，赫斯、雷德爾、馮克3人被判無期徒刑，納粹領袖集團、祕密警察、保安勤務處、黨衛隊被宣布為犯罪組織。審判長勞倫斯在宣讀完判決後聲明，不服判決者可在4天之內向占領區管制委員會提出上訴。1946年10月1日下午，紐倫堡國際軍事法庭正式閉庭。判決書公布以後，蘇聯對判決書提出了異議，認為判處赫斯無期徒刑，納粹前副總理巴本、不管部長沙赫特、新聞司長弗里切3人無罪是量刑過輕。此外，德國內閣、納粹黨衝鋒隊、參謀部、國防軍最高統帥部也應該被列為犯罪組織。而18名被判有罪的戰犯中，里賓特洛甫、鄧尼茲等人對判決不服，提出上訴，最終被法庭駁回。戈林則強烈要求用槍決的方式處死他，這個虛榮慣了的傢伙認為絞刑有損於自己的「元帥形象」，他的請求也被駁回。

1946年10月15日晚，戈林在自己的單間牢房裡服下了氰化鉀毒藥，這些毒藥是他在被捕時藏在衣服和馬靴裡帶進監獄的。戈林服毒自殺後，第一個要被絞死的戰犯就成了里賓特洛甫。1946年10月16日凌晨1時11分，里賓特洛甫第一個被處以絞刑。3分鐘以後，陸軍元帥凱特爾被執行絞刑，接著弗蘭克等10名戰犯相繼上了絞架。對於德國來說，紐倫堡審判是對黑暗歷史的告別，也是對往昔錯誤的反省，人類歷史上第一次有一批戰爭罪犯在國際法庭接受了法律的懲處。

v1946年10月1日，紐倫堡軍事法庭宣判戈林死刑，戈林透過同聲傳譯耳機聽到這一判決後，一動不動地站在那裡。

VISIBLE
HISTORY OF THE
WORLD

關鍵字：柏林空運

柏林危機

- 1948年6月～1949年5月

按照政治家的說法，國家和國家之間只有永遠的利益，沒有永遠的朋友。第二次世界大戰的硝煙剛剛散去，美蘇兩國就由戰時的親密盟友變成了怒目而視的競爭對手，沉重的「冷戰」大幕拉開了。1948年，美蘇兩國圍繞著柏林展開了激烈的爭奪，一場歷時一年的柏林危機開始了。

四國共管

德國投降之後，德國被劃分為四個占領區，由美、蘇、英、法四國分別占領。德國的首都柏林也被一分為二，西柏林由美英法三國占領，而東柏林則被蘇聯占領。當時蘇聯占領區的面積占德國總面積的40％，柏林市46％的土地和28％的人口也位於蘇占區。1945年6月5日，美、蘇、英、法四國成立了占領區管制委員會。表面上，這個管制委員會已經是德國最高的權力機關。可幾個大

v 柏林的美軍檢查站舊址

^柏林危機時期，美國透過空運的方式將大量的生活物資運入被封鎖的西柏林，這是第100萬袋燃煤在飛機上卸載的照片。

國心中都有著自己的算盤：美國想把占領區變成抵禦共產主義的「橋頭堡」，削弱蘇聯的力量；蘇聯想把自己的影響力擴散出去，防止美國借著德國來反對蘇聯。就這樣，美蘇在這個委員會裡互相拆臺，委員會變得形同虛設。

到了1946年，原本暗藏的矛盾開始明朗化了。這年5月，美國突然宣布不再從自己的占領區內提供戰爭賠償。作為接受戰爭賠款最多的國家，蘇聯政府向西方國家提出了強烈的抗議。1946年7月，美國提議合併美、英、法三國的占領區。1947年1月，美英不顧法國的反對，簽署了《德國美占區和英占區經濟合併協定》，兩國占領區正式合併，蘇聯對此再次表示了抗議。1948年2月，美國、英國、法國、荷蘭、比利時、盧森堡六國外長在倫敦召開了會議。在美國的提議下，六國簽署並通過了《倫敦議定書》，準備在美英法三國占領區上成立西德政府。蘇聯為了抗議美英的行徑，宣布退出管制委員會。

危機來臨

退出管制委員會後，蘇聯決定發動反擊。1948年3月30日，蘇聯宣布將於4月1日起對柏林進行地面交通管制。對於蘇聯的反擊，美、英、法三國毫不理會，反而更加賣力地進行著建立西德政府的計畫。6月18日，三國宣布在西方占領區內單方面發行新「德國馬克」，蘇聯也針鋒相對地在蘇聯占領區發行了「D記」馬克，作為東柏林和整個蘇聯占領區的通用貨幣。

6月24日，史達林下令全面封鎖西柏林，切斷所有西方占領區通向西柏林的交通線，停止對西柏林供電和供煤。當時西柏林孤懸在蘇聯占領區中，城中居住著250萬居民和人數不少的美英士兵，這麼多人的生活可是一個大問題，每天消耗的基本生活物資就有4500噸。交通線一旦被切斷，西柏林的居民和英美士兵就將面對一場災難。

空運對封鎖

這個消息傳到華盛頓後，美國總統杜魯門大吃一驚，他絕不甘心將西柏林拱手相讓，就給美軍駐歐洲的空軍司令下了命令，打算透過空中運輸來對抗蘇聯的地面封鎖。1948年6月29日，美國開始將大量的糧食、煤和日用品運往了風雨飄搖的西柏林。雖然當時美國空軍有著世界第一的戰略空運力量，但西柏林的機場有限，運輸機需要有地方起飛和降落，空運的強度一直無法加強。在整個7月份，每天空運到西柏林的生活物資只有1500噸，還不到居民最低需求的1/3。在這種情況下，美國政府派出了有「空運之父」之稱的空軍中將威廉・特納，他曾是盟軍援助中國的「駝峰計畫」的指揮官，有著豐富的空運經驗。在他的努力下，西柏林機場的飛機空運效率越來越高，最高峰的時候每一分鐘就有一架運輸機在西柏林機場降落。史達林本想透過封鎖迫使西方從西柏林撤軍，可是他沒有想到，美國竟然會不惜鉅資來保住西柏林。如果繼續這樣封鎖下去，不但無法達到迫使西方撤軍的目的，蘇聯在世界輿論面前也將非常被動。1949年5月，蘇聯解除了地面封鎖，延續了11個月的柏林危機終於得到了緩解。柏林危機雖然緩和了，但是德國的分裂局面卻難以挽回。不久，在德國的土地上便出現了兩個打著「德國名義」的國家——德意志聯邦共和國和德意志民主共和國。

專題

柏林電影節

⊙電影節建立 ⊙步入成熟 ⊙態度和宗旨 ⊙愛電影的德國人

世界各地每年舉辦的大小電影節數不勝數，而真正被全球影迷關注的還是坎城、威尼斯和柏林這三大電影節。在這三大電影節中，柏林電影節是最年輕的一個，它以德國人特有的內斂、講究藝術性的特點而贏得了全球電影人的尊重和青睞。此外，柏林電影節還是世界著名的四大藝術電影節之一（其他三大藝術電影節為莫斯科電影節、威尼斯電影節和法國坎城電影節）。

▲2005年，中國導演顧長衛執導的電影《孔雀》獲得了第55屆柏林電影節銀熊獎。

電影節成立

柏林電影節原名西柏林電影節，它於20世紀50年代由電影歷史學家阿爾弗雷德・鮑爾發起，每年舉行一次，一般於6月至7月間舉行，後來改為每年的2月至3月間舉行，持續時間大約兩周。到2008年，柏林電影節已經成功舉辦了58屆。和坎城電影節設立金棕櫚獎，威尼斯電影節設立金獅獎一樣，柏林電影節也有自己的至尊獎項——金熊獎和銀熊獎。其中金熊獎授予最佳故事片、紀錄片、科教片和美術片，而銀熊獎則授予最佳導演、男女演員、編劇、音樂、攝影和美工。

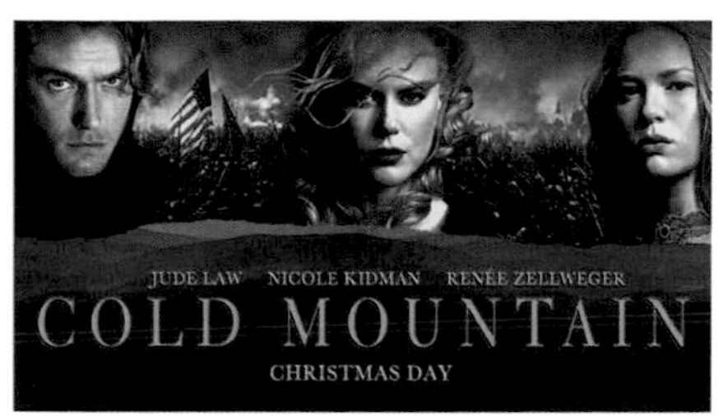

▲《冷山》劇照

▲以美國內戰為題材的影片《冷山》是第54屆柏林電影節的揭幕影片。

步入成熟

柏林電影節剛剛舉辦的時候，因為經費拮据，總共只有20個國家的電影人和百來位記者參加。而發展到今天，柏林電影節已經成了各大新聞媒體爭相報導的焦點，前來報導這一盛事的記者達3000多人。此外，每年大約有1.5萬名來自世界各地的電影人來到柏林，參展的影片也從幾十部增加到了2008年的數百部。

態度和宗旨

柏林電影節一向以主題嚴肅而著稱，即使在商業化電影日益氾濫的今天，入選柏林電影節的影片也大多為政治題材、社會題材的電影。同時柏林電影節的主辦方還非常強調電影的原創性和藝術性。比如2007年獲得金熊獎的紀錄片《標準流程》就是美國紀錄片大師埃洛・莫里斯以伊拉克戰爭中美軍虐囚醜聞為背景，親自採訪了美軍第372憲兵隊中5名被控虐待戰俘的士兵而拍攝的。

愛看電影的德國人

德國人在工作中嚴肅認真，一絲不苟，但他們的生活一樣充滿了各種情趣，去電影院看電影就是德國人經常選擇的休閒方式之一。1997年，德國的電影院數量達到了4000多家。

VISIBLE HISTORY OF THE WORLD

關鍵字：西德

重建德國的「導演」

▪ 1876年～1967年

在1945年5月8日晚上12點整，德國代表凱特爾在無條件投降書上簽了字。作為戰爭的發起者，德國在向世界傳播戰爭瘟疫的同時，自身也飽嘗了戰爭所帶來的苦難：650萬人在戰火中死去，1200萬人淪為難民，70%的城市建築成為瓦礫。在這個德國歷史上最黑暗的時刻，一位來自科隆的政治家領導著聯邦德國像不死鳥一樣從廢墟中重生，他就是德國重建的「導演」——康拉德・艾德諾。

東山再起

在1870年的血與火的統一之後，那些主宰德國命運的政治人物大多來自普魯士地區，比如俾斯麥、興登堡和魯登道夫。而在第二次世界大戰結束之後，一個出生在萊茵地區、思想上更接近民主主義者的領導人登上了德國的政治舞臺，他就是經歷了德意志第二帝國、威瑪共和國、第三帝國和聯邦德國這四段歷史時期的康拉德・艾德諾。1876年11月5日，康拉德・艾德諾出生在萊茵地區一個天主教徒的家庭，他在家裡的四個孩子中排行老三。中學畢業後，一向對拉丁語和歷史情有獨鍾的艾德諾並沒有研究語言或歷史，而是在弗萊堡大學、慕尼黑大學和波昂大學系統地學習了

^1954年10月，法、德、英、美四國在巴黎簽署《巴黎協定》，西德結束被占領狀態。從左至右分別為：法國總理孟戴斯、西德總理艾德諾、英國外交大臣艾登、美國國務卿杜勒斯。

法律。據說在大學期間，這個貧家子弟為了讓自己能全身心地投入學習，對得起自己的家庭，他常在夜間將腳放在冷水桶裡以保持頭腦清醒。大學畢業後，艾德諾通過了科隆市公務員的考試。1917年，41歲的艾德諾當選為科隆市市長，成為當時最年輕的市長。

科隆是位於萊茵河畔的古老城市，悠久的歷史、眾多的人口和繁榮的經濟讓它在德國的城市排名中僅次於柏林、漢堡和慕尼黑。能在這樣一座城市當上市長，艾德諾的才能自然是不容置疑的。在接下來的十幾年時間裡，艾德諾努力地為市民們謀福利，他在科隆的聲望也與日俱增。儘管艾德諾不失為一位有責任感的政治人物，可噩運還是降臨到了他的頭上。1933年，希特勒來到科隆進行競選演

^1949年9月，波昂成為聯邦德國的首都，照片為聯邦德國議會的議會廳。

講，一向憎惡納粹主義的艾德諾絲毫不給這位「小鬍子」面子，不但沒有到機場迎接，還下令將萊茵河大橋上的納粹旗幟全部摘下。艾德諾的舉動讓希特勒懷恨在心，納粹黨上臺後不久，就宣布艾德諾為德國的「叛徒」，將他投入了冰冷的監獄。在親友的斡旋下，艾德諾被釋放出獄，可他的工作已經被剝奪，存款被凍結，電話被竊聽，郵件被檢查，境況淒涼。

烏雲總有散盡的一天，1945年美軍攻占了科隆。由於艾德諾在科隆市民中口碑很好，而且他本人又和納粹政權不共戴天，美軍決定邀請艾德諾出任科隆市的代理市長。重新回到政治舞臺的艾德諾做的第一項決定，就是拒絕市議員們放棄科隆、另建新城的計畫。在接下來的幾個月裡，艾德諾帶領科隆市民開始在瓦礫之中重建自己的城市。不久，艾德諾又加入了恢復德國經濟委員會，他任命巴伐利亞經濟學家艾哈德為經濟負責人。經過艾德諾和艾哈德的努力，到1949年時，美、英、法三國占領區的經濟基本恢復了元氣，德國工人的平均收入也超過了同期英國工人的收入。氣憤不已的英國工人在1949年4月的一期《泰晤士報》上對英國政府發出了「到底是誰打贏了戰爭」的質問，這也從一個側面反映了艾德諾的施政能力。

理性外交

在經濟上大展拳腳的同時，艾德諾也渴望在政壇上找到自己的位置。1949年，艾德諾加入了政黨基督教民主聯盟。憑藉自己的經歷和鋼鐵般的意志，艾德諾很快成為黨內的領袖。1949年9月，三國占領區內舉行了戰後的第一次選舉，73歲高齡的艾德諾在各地巡迴演講，精力旺盛的他絲毫不像一個古稀之年的老人。最終，艾德諾和他的政黨獲得了700多萬張選票，以微弱的優勢成為議會第一大黨。在隨後進行的總理選舉中，艾德諾也以1票的優勢當選為政府總理。事後有人問艾德諾那關鍵的一票是不是他投給自己的，他慢條斯理地回答說：「你的猜測一點兒不錯，如果我不這麼做那才是真正的虛偽。」9月20日，艾德諾組成了自己的內閣，聯邦德國在波昂誕生了。

新政府誕生後，艾德諾將重建國內經濟的任務交給了老部下艾哈德，他自己則一心撲在政治上，盡心竭力地帶領一個戰敗國走出泥潭，獲得國際社會的尊重。艾德諾首先同占領國簽署了《彼得斯貝格協議》，這個議定書承認了德國的平等地位，允許德國參加國際組織。但由於議定書中還存在一些對德國的限制，這讓不少議員對艾德諾惡言相向，甚至有人尖刻地稱艾德諾為「同盟國的聯邦總理」。看著這些只會空喊、不辨實事的議員，艾德諾只冷冷地回敬了一句：「請問，誰才是戰敗國？」此言一出，全場肅靜，幾分鐘前還在慷慨陳詞的議員們低下了頭，最終議定書得以通過。第一回合的勝利極大地增強了艾德諾的信心。1953年，艾德諾首訪美國獲得成功，回國時受到民眾的熱烈歡迎。1955年，美、英、法結束對聯邦德國的占領，聯邦德國開始享有主權。同年，聯邦德國加入北約。1963年，德法兩國的最高領導人艾德諾和戴高樂在波昂簽署了象徵德法和解的《愛麗舍條約》。

處理好和法國的關係後，艾德諾又馬不停蹄地出訪蘇聯。當時有近萬名德軍俘虜還生活在蘇聯的戰俘營中，為了能讓這些人回到德國和家人團聚，艾德諾率領的聯邦德國代表團和赫魯雪夫又展開了

v從上面一排開始，從左至右分別為艾德諾、艾哈德、基辛格、布蘭特、施密特、科爾、施若德和梅克爾。前5位是聯邦德國政府總理，科爾在任期間德國實現了統一，之後施若德和梅克爾相繼擔任了統一後的德國總理。

一場看不見硝煙的「宴會戰爭」。在酒桌之上，艾德諾連乾了15杯伏特加，這讓視豪飲者為英雄的蘇聯人對他頗為敬重。經過艱苦的談判，蘇德雙方終於達成了遣返德國戰俘的協定。1955年10月7日，6700名德國戰俘從蘇聯的戰俘營中返回了家鄉，這也揭開了一個「萬人回家」的序幕。成千上萬個德國家庭在被拆散了近10年之後，等回了他們的兄弟、丈夫、父親，艾德諾又一次告慰了飽受戰爭磨難的德國人民。

時光荏苒，戰爭轉眼已經過去了10多年，艾德諾因為對聯邦德國的戰後重建做出巨大的貢獻，被邱吉爾稱為「俾斯麥之後德國最偉大的總理」。可倔強的艾德諾也無法抗拒自然的規律。1963年10月15日，88歲高齡的艾德諾在聯邦議會中做了最後一次演講，他將聯邦總理的位置讓給了他多年的搭檔——艾哈德博士，而他自己則退休回到了家中。1949年，艾德諾宣誓就任聯邦總理的時候，聯邦德國還是一個被占領的國家，國土之上滿目瘡痍；而當他離開總理府的時候，聯邦德國已經成為歐洲最重要的國家之一，國民生產總值相當於英國和法國的總和。

艾德諾離開總理府之後，繼續擔任基督教民主聯盟主席直到1966年。1966年1月5日是艾德諾90歲壽辰，鮮花、賀電從世界各地像雪片一樣飛來。一位經常採訪他的新聞記者曾經對他說：「我期望在您百歲的時候再來訪問您。」艾德諾高興地說：「當然，我會告訴我的祕書把這件事記下來。」一向信守諾言的艾德諾這次「失約」了，因為急性支氣管炎發作，他於1967年4月19日去世，終年91歲。艾德諾去世後，全世界的政治家紛紛向聯邦德國政府和艾德諾的家人發去了電唁，為德國人民失去這樣一位傑出的政治家表示哀悼，聯邦德國議會也為他們的總理下半旗致哀。美國總統尼克森曾在個人專著《領袖們》一書中這樣評價艾德諾：「他用自己鋼鐵一樣的肩膀支撐著危局，讓一個戰敗的、幾乎奄奄一息的民族經受住了歷史的考驗。」

VISIBLE HISTORY OF THE WORLD

關鍵字：恐怖襲擊

慕尼黑人質危機

▪ 1972年9月5日

1972年，第20屆奧運會在聯邦德國的慕尼黑拉開了帷幕。熱情洋溢的東道主修建了可以容納8萬人的慕尼黑奧林匹克體育場，開通了可以向全球直播的電視轉播系統，還將一隻名為瓦爾迪的德國小獵狗定為奧運會的吉祥物。就在所有人都認為這屆奧運會將在歡呼和祝福中結束的時候，一場血腥的恐怖襲擊卻出乎意料地來臨了。

盛會出成績

1966年，一洗戰爭塵埃的慕尼黑擊敗了西班牙的馬德里和美國的底特律，獲得了第20屆奧運會的主辦權。在此後的6年時間裡，慕尼黑全力進行著奧運會的準備工作，容納8萬人的奧林匹克主體育場建成了，先進的電子計時設備安裝了，舒適的運動員宿舍蓋好了，只等各國運動員的到來。時間很快到了奧運會開幕的日子，121個國家的7172名運動員來到了慕尼黑，這在當時創下了奧運會歷史上的參賽國家和參賽人數的新紀錄。在接下來的比賽中，運動員成績驕人，蘇聯男子短跑選手博爾佐夫勇奪男子100公尺、200公尺短跑兩枚金牌，成了當之無愧的「白色飛人」；美國男子游泳選手馬克・史必茲在泳池中力奪7枚金牌，成了奧運歷史上獨攬7金的第一人……。

恐怖來襲

就在所有人都陶醉在奧運會的歡樂之中的時候，一場針對奧運會的恐怖襲擊發生了。9月5日凌晨4點，8個神祕的身影越過了選手村的柵欄，靠近了以色列運動員居住的31號宿舍樓。這8個人是恐怖組織「黑九月」的成員，他們想劫持參加奧運會的以色列運動員，然後再威脅以色列政府，達到自己的目的。4點25分，恐怖分子開始撬1號房間的門鎖。除了一名舉重教練得以逃走外，其他幾名運動員都被恐怖分子挾持。緊接著，恐怖分子又衝進了緊鄰1號房間的3號房間。在搏鬥中，一名摔跤教練和一名舉重運動員被恐怖分子開槍打死，一名運動員逃脫，另外4名運動員被恐怖分子劫持。

v 悼念儀式上，以色列代表潸然淚下。

逃脫的運動員沒有忘記自己的夥伴，他們跑到義大利代表團的住處打電話報了警，慕尼黑警方這才知道選手村出了事，馬上組織警力包圍了31號宿舍樓。5點30分，慕尼黑警方收到了恐怖分子的勒索信，他們要求在9點以前釋放被以色列政府關押的234名巴勒斯坦人和被聯邦德國政府囚禁的幾名恐怖分子，然後再派3架飛機把他們送到其他國家。如果聯邦德國政府不答應條件，他們將每隔2小時殺死一名人質。9點整，奧運會參賽運動員遭到恐怖分子劫持的事情傳遍了慕尼黑，國際奧會主席基拉寧宣布從9月5日下午開始暫停全部的比賽。為了保證人質的安全，維護奧林匹克運動的聖潔，身為東道主的聯邦德國政府總理布蘭特，更是不遺餘力地與恐怖分子斡旋談判，甚至表示願意以政府高官來代替被劫持的以色列運動員，但是以色列政府卻拒絕了恐怖分子所提出的條件。一向有「雄偉的母獅」之稱的以色列總理梅爾夫人擔心一旦妥協了，恐怖分子反而會得寸進尺，提出更多要求，談判就此陷入了僵局。

v1972年9月5日，慕尼黑，一名「黑色九月」的恐怖組織成員站在奧運村的陽臺上。

失敗的解救

9月5日晚上10點，恐怖分子提出新的要求，要警方派直升機將他們和人質送到埃及。聯邦德國政府決定佯裝同意恐怖分子的條件，然後在機場上動手，武裝解救人質。9月6日凌晨，埋伏在跑道附近的特警對恐怖分子發動了攻擊。經過一個多小時的槍戰，9名人質、2名警察和5名恐怖分子當場死亡。人質解救失敗的消息傳來後，國際奧會在慕尼黑奧林匹克體育場舉行了悼念儀式。在悼念儀式上，以色列代表團的座席上空出了11個座位，以悼念11名死難者。當貝多芬的《英雄交響曲》奏響時，在場的許多運動員禁不住失聲痛哭。以色列代表團的發言人拉爾金在悼念儀式上流著眼淚說道：「現在，我們要帶著自己同胞的遺體回國了。但是，奧林匹克理想是永存的！」

在恐怖襲擊結束之後的第3天，國際奧會在85歲的前國際奧會主席布倫達治的堅持下，宣布奧運會比賽恢復進行，布倫達治說了這樣一句堅定的話：「奧運會必須繼續進行。」這屆奧運會最後於9月11日結束，蘇聯位列金牌榜第一，他們共獲得50枚金牌；美國獲得33枚金牌，位列第二。然而這些金牌和名次在鮮血面前顯得那麼蒼白，這次的流血事件震驚了世界，後來各屆奧運會都加強了安全保衛工作，以防止恐怖襲擊的發生。

VISIBLE HISTORY OF THE WORLD

關鍵字：柏林牆

柏林牆的倒塌

▪ 1989年11月9日

1989年11月9日，矗立了28年的柏林牆倒塌了，被它分隔了幾十年的德國人終於團聚在了一起。血濃於水的親情最終戰勝了政治上的恩恩怨怨，德國的統一列車也隨之進入了快車道。一年之後，兩德正式合併成了一個國家，高高飄揚的黑、紅、黃旗幟彷彿在向世人宣告，德國的歷史翻開了新的一頁。

兩德並立

1948年9月，西方占領區組成以艾德諾為首的65人的議會委員會，開始了臨時憲法的起草工作。1949年5月8日，德國議會委員會制定出具有憲法性質的《德意志聯邦共和國基本法》。5月12日，美、英、法三國軍事長官在法蘭克福批准了這部基本法。9月20日，德意志聯邦共和國宣告成立。10月7日，蘇聯占領區也通過了《德意志民主共和國憲法》，德意志民主共和國也成立了。就這樣，德國的土地上出現了兩個社會性質不同的國家，人們也習慣地稱它們為西德和東德。

原本的一個國家被一分為二，德國人民心中的苦悶可想而知。可這只是一段痛苦的開始。由於地理位置的關係，西德和東德成了北約和華約這

^1990年10月3日，黑、紅、黃三色的德國國旗在柏林國會大廈前升起。

兩大軍事集團對峙的前沿陣地，「冷戰」的陰影讓兩個血脈相通的國家漸行漸遠，統一成了遙不可及的事情。西德地區原本就是德國發達的工業區，又得到了「馬歇爾計畫」數十億美元的支持，經濟發展迅速。到1948年的時候，西德地區的經濟已經恢復到了戰前的水準。反觀東德這邊，由於地處德國傳統的農業區，經濟底子薄弱，還要支付給蘇聯100多億美元的戰爭賠款，發展的腳步自然慢於西德。這種生產力上的差距在柏林表現得更加明顯，東柏林的人民嚮往西柏林的生活，就想方設法偷偷地逃到西柏林。僅在1945年到1961年間，每年就有幾十萬東德公民逃往西德。

倒塌與統一

越來越嚴重的人口流失問題讓東德政府頭疼不

^ 曾經的柏林牆變成了年輕人的塗鴉之牆

作為「冷戰」的歷史見證，柏林牆聞名於世。如今柏林牆只剩下殘留的幾段，其中位於斯普雷河東岸的一段最長。這裡匯聚了東西德統一後來自世界各國藝術家風格各異的創作，被民間稱為「東邊畫廊」。

已，東德中央政治局決定在東西柏林邊界上築起一道高牆，來阻擋西逃的浪潮。1961年8月13日凌晨，東德政府派出2萬多名士兵，趁著夜色在與西柏林交界處修建了一道由鐵絲網和水泥板構成的「臨時屏障」。在接下來的4年時間裡，柏林牆被不斷地加固，逐漸變成了一道長160多公里、周邊設有通電鐵絲網的高牆。此外，在鐵絲網和高牆之間還建有300多個瞭望台和20多座碉堡，600隻警犬和1.4萬名士兵也駐守在柏林牆周圍。

上有政策，下有對策。森嚴的柏林牆雖然築起來了，但東德人民逃往西德的念頭卻沒有打消。從柏林牆建立的那一天起，不少人就費盡心機，想出了各種辦法來穿過柏林牆。有人藏在去西柏林的東柏林交響樂團音箱裡，跟隨著樂團逃往西柏林；有人自製了熱氣球，帶著一家老小飛過柏林牆；有人在家裡挖地道，準備透過地道逃到西德。儘管招數不少，但成功穿過去的人還是少數。

時間很快就到了20世紀80年代後期，隨著東歐劇變和東德經濟滑坡，東德人民呼籲推倒柏林牆、實現國家統一的呼聲越發強烈。1989年11月9日，聚集在柏林牆附近的人們拆除了這道阻隔了統一希望的高牆。在那個時刻，柏林牆兩邊人聲鼎沸，相識的和不相識的人們擁抱著，他們的眼淚如同決堤的洪水。柏林牆的倒塌大大加速了德國統一的進程。1990年2月13日，兩德領導人與蘇、美、英、法四國外長在加拿大首都渥太華制定了「4+2方案」。8月31日，兩德簽訂了《德國統一條約》，這份厚達1000多頁的條約規定了東德加入西德要遵守西德的憲法，統一後的德國成為聯邦共和國，並且沿用西德的國旗與國歌。1990年10月3日0點整，一面黑、紅、黃三色的德國國旗在柏林國會大廈前的廣場上徐徐升起，幾十萬德國人聚集在廣場上縱情歡呼。1999年8月，德國將首都從波昂遷到了柏林，徹底抹平了國家分裂的最後一道傷痕。統一後的德國擁有將近8000萬人口，國民生產總值僅次於美國和日本，位居世界第三，德國的歷史終於翻開了嶄新的一頁。

v 廢棄的柏林牆舊址

柏林牆其實是兩堵平行的牆，相隔約150公尺，中間的區域設有警犬、瞭望台、探照燈、鐵絲網、防車輛路障和武裝警衛。

專題

德國的美酒和美食

⊙德國啤酒 ⊙德國香腸 ⊙德國麵包 ⊙脆皮豬腳

眾所周知，中國、法國和土耳其一向有「世界三大美食王國」之稱。而德國作為歐洲的一個大國，同樣有著引以為傲的飲食文化。德國人吃飯講究實惠、簡單、營養充足，能填飽肚子就足夠了。用「大塊吃肉，大口喝酒」來形容德國人的飲食，可謂恰到好處。無論是可口的黑啤酒和白啤酒、種類繁多的香腸，還是那外酥裡嫩的脆皮豬腳，都能讓那些饕餮食客們大飽口福。

德國啤酒

德國一向是啤酒愛好者的天堂，生產啤酒的歷史可以追溯到11世紀。現在，德國不僅是世界上最大的啤酒生產國之一，而且也是最大的啤酒消耗國之一，德國人的人均啤酒消耗量達到了100多升，穩居世界前列。德國的啤酒一般可以分為黑啤酒、白啤酒、清啤酒、科隆啤酒、出口啤酒和無酒精啤酒6大

▲德國巴伐利亞州的啤酒

類。黑啤酒大多產於德國的魯爾區，它有著咖啡般的棕色，口感略甜。白啤酒主要產於巴伐利亞地區，它的口味偏苦，口感潤滑。清啤酒一向是德國北部地方老百姓的最愛，它一般呈透明的淺黃色，口感清爽，它也是所有德國啤酒中口感最苦的一種。科隆啤酒是德國科隆市的特產，由於酒精含量較低，一般人喝上十幾杯也不會醉。

德國香腸

作為德國人生活中不可或缺的一種食品，香腸幾乎是德國肉食的代名詞。整個德國叫的出品牌的香腸就有1500多種，德國人一半的肉食都是以香腸的形式消耗掉的。德國香腸的原材料主要是牛肉和豬肉，

▼香腸沙拉

香腸之於德國人，就像義大利麵之於義大利人一樣。據統計，全德國的香腸種類共有1500多種，每個城市都能生產出幾種乃至幾十種配方獨特的香腸。

然後再加入適量的鹽、胡椒和豆蔻等調味料調味。按照原料和做法的不同，德國香腸可以分為牛肉香腸、豬肉香腸、血腸、燻腸、瘦肉香腸、臘腸等幾十種。除了種類繁多外，德國香腸的吃法也讓人大開眼界，不但可以夾著麵包生吃、加熱後食用，還可以水煮、油煎或燒烤。

德國麵包

麵包對於德國人的意義，就如同米飯對於中國人的意義一樣，是飲食中不可缺少的主食。根據統計，德國人每年吃掉的麵包約有700萬噸，人均麵包消耗量在80公斤左右，算得上是最鍾愛麵包的國家。德國麵包種類繁多，大大小小的品牌一共有400多

▼配有奶油的麵包

德國是世界上麵包消費最高的國家之一，麵包是德國人一日三餐不可缺少的主食。據統計，德國人每人年平均吃麵包81.5公斤，穩居歐盟成員國之首。

▲德國豬腳

德國人烹飪豬腳也分南北流派，北部的柏林做豬腳主要是燉，再搭配著酸菜和豌豆泥一起享用。南部的巴伐利亞做豬腳主要是烤，每年僅在慕尼黑啤酒節上，慕名而來的食客們就會喝著啤酒，大口吞吃掉超過7萬個烤豬腳。

種，每個村鎮還有自己的麵包作坊。德國人烤製麵包時除了使用小麥粉外，還喜歡加入黑麥、蕎麥、芝麻和核桃等粗糧和堅果，可以看出德國人在普通的麵包上還執著地追求「營養」二字。

脆皮豬腳

曾經有法國人開玩笑說：「德國人是地獄裡的廚師，因為他們的廚藝詞典裡只有白煮和燒烤。」其實烤製出來的食物也很美味，比如德國的脆皮豬腳。這道流行於德國巴伐利亞地區的名菜和中國時下流行的祕製雞翅的製作方法很像。烤製前，廚師要往豬腳上刷上佐料，醃製一段時間，讓豬腳充分吸收調料的味道；然後，再將其放入烤爐用旺火烘烤；等到整個豬腳呈現出一種誘人的金黃色時，就可以出爐了。此時的豬肉酥脆可口，香氣撲鼻，搭配著美味的啤酒和蔬菜沙拉食用，足以讓那些喜歡肉食的食客們大快朵頤。

VISIBLE HISTORY OF THE WORLD

關鍵字：諾貝爾文學獎

遠去的鐵皮鼓

▪ 1927年～2005年

2015年4月13日，諾貝爾文學獎獲得者、德國最著名的作家鈞特・葛拉斯去世，享年87歲。在戰後的德國文壇，葛拉斯堪稱是最重量級的作家，《鐵皮鼓》、《貓與鼠》以及自傳體的《剝洋蔥》等巨著，用語辛辣、內涵豐富、手法獨特，在世界都有巨大的影響力，同時，他的「筆無遮攔」、愛恨分明的個性也引發了極大的爭議。但是德國人民一如既往地尊敬著、愛戴著這個風趣幽默、愛好廣泛的老人。他的離世也是當代德國文壇最重要的損失。他作品中的人文關懷，他的鬥爭精神，他為和平主義所做的努力，都將永遠被人銘記。

但澤少年

1927年，鈞特・葛拉斯出生在但澤市，因為「一戰」《凡爾賽條約》的關係，這座歷史上的商業名城現在已經成了所謂的「自由市」，居住在這裡的德意志人都失去了德國國籍，鈞特・葛拉斯的父親就是這其中一員，而他的母親則是當地的卡舒比人。卡舒比人是生活在波蘭北部的一個族群，屬於西斯拉夫人的一支，不講德語，也不說波蘭語，而是使用卡舒比語，有自己獨特的文化屬性和族群認同感。鈞特・葛拉斯後來在《鐵皮

^1999年12月10日，在瑞典的斯德哥爾摩，獲得諾貝爾文學獎的鈞特．葛拉斯正在發表獲獎感言。

鼓》中也提到，主人公奧斯卡的祖母安娜．布朗斯基從始至終都在強調他們既不是德國人，也不是波蘭人，而是卡舒比人。

在多才多藝的母親的影響下，葛拉斯自幼就對文學和戲劇產生了濃厚的興趣，但是他的少年時代正是「二戰」爆發前、納粹黨上臺後的動盪時期，夾在德國和波蘭中間的但澤恰像那片風中的葉子，在國際局勢的疾風驟雨中飄零。1939年，也就是葛拉斯12歲的時候，希特勒以但澤的歸屬為藉口閃擊波蘭，發動了第二次世界大戰，鈞特．葛拉斯也跟城裡的男女老幼一樣，懵懵懂懂中又回到了德國的「懷抱」，他的一生也總算是跟這個「祖國」捆到了一起。

當然，這段回歸的體驗對鈞特・葛拉斯來說並不是什麼美好的回憶。隨著戰爭局勢的每況愈下，輸紅了眼的納粹政府開始動員每一個能拿得動槍的德國男人上戰場。1944年，中學還沒畢業的葛拉斯也被強征入伍，成了納粹戰爭機器下的炮灰。

1945年3月，蘇聯紅軍攻克但澤，慘烈的戰鬥使城中90%的建築化作廢墟，四分之一的居民死於戰火；當年4月，還不到18歲的葛拉斯在前線受傷，住進了醫院；5月，德國投降，還沒有傷癒的葛拉斯躺在病床上成了盟軍的俘虜。收復了但澤的波蘭政府把這裡重新改回格但斯克的舊稱，同時對倖存的德裔居民展開了大規模的驅逐，葛拉斯的家人也被趕往奧得河以西的德國領土，而他這時還被關在盟軍的戰俘營，直到次年5月才被釋放。

戰爭年代的慘痛經歷給葛拉斯留下了極深的陰影，獲釋之後，他始終都是立場堅定的和平主義者，堅決反對北約在德國的土地上部署核武器。少年時代的他見了太多因為族群仇恨而產生的殺戮和戰爭，所以兩德統一後，他帶頭抵制逐漸滋生的排外主義和極右翼新納粹勢力，也致力於兩個「母國」——德國和波蘭的政治和解。

步入文壇

戰爭結束後，已經一無所有的葛拉斯在德國掙扎求生，先後當過農民、礦工和石匠等，在做石匠學徒的時候葛拉斯對雕刻藝術產生了濃厚的興趣。1948年他考入魯爾區的杜塞道夫藝術學院，主修繪畫和雕塑。

在藝校學習的過程中葛拉斯的藝術天賦得到了展現，他的導師非常欣賞他的能力，在杜塞爾多夫結束學業後又帶他到柏林的藝術大學繼續深造。這段時間葛拉斯的功力日益精進，並且還和瑞士舞蹈演員安娜・施瓦茨有了第一段婚姻。

也許是婚姻給了葛拉斯創作靈感，1954年，他開始嘗試寫詩和劇本，

^ 鈞特・葛拉斯的獲獎作品《鐵皮鼓》

《鐵皮鼓》是葛拉斯系列小說《但澤三部曲》中的第一部，講述了主人公奧斯卡目睹成年人世界的醜惡，決心拒絕長大，反抗成人社會的故事。

逐漸在文壇有了一定的知名度。1956年，葛拉斯帶著新婚妻子來到藝術之都巴黎繼續打磨技藝，雕塑和繪製版畫之餘，還積極地參與德語文學組織「四七社」的交流活動，同時嘗試長篇小說的創作。

1958年，「四七社」成員在阿爾蓋恩的大霍爾茨勞伊特聚會。葛拉斯朗讀了尚未完成的長篇小說《鐵皮鼓》的第一章，受到了與會者的一致讚揚，葛拉斯為此也獲得了該年度的「四七社」文學獎。故事以葛拉斯多災多難的故鄉但澤為背景，以一個侏儒奧斯卡的視角，用黑色幽默的筆觸，大膽鞭笞了整個德意志民族的市儈氣和劣根性，抨擊了成人世界的虛偽和醜陋，尤其是納粹時期德國人的罪惡和荒唐行徑。可以說，葛拉斯是最早提出德國人應該對納粹罪責負有責任的人之一。他曾明確表示，「人們曾裝作似乎是某個幽靈來誤導了可憐的德國民眾。而我從年輕時的觀察得知，並非如此。一切都發生在光天化日之下」。

1959年，31歲的葛拉斯終於完成了《鐵皮鼓》的全部創作，甫一推出，這部小說便在德國乃至整個歐洲引起巨大反響，並被譯為多種文字在全世界發行，被譽為當代德語文學小說創作的最高成就。40年後，也是因為《鐵皮鼓》的巨大影響，葛拉斯被授予了當年的諾貝爾文學獎。

受《鐵皮鼓》成功的鼓舞，葛拉斯再接再厲，相繼以故鄉但澤為背景創作出了中篇小說《貓與鼠》（1961）和長篇小說《狗的歲月》（1963），這兩本小說與《鐵皮鼓》被人們合稱為「但澤三部曲」，主旨都著力於批判納粹發跡過程中的罪惡，清算社會中的「戰爭後遺症」，並對德國現實的種種弊端進行了無情的揭露和嘲諷。值得一提的是，為了表示對波蘭的尊重，葛拉斯在作品中用「格但斯克」來稱呼自己的家鄉。

詩人與政治

葛拉斯的作品具有很強的現實意義，意在揭露

v 葛拉斯（前排中間）和德國社會民主黨主席施若德（右一）一起出席競選活動，為社會民主黨爭取選票。

^ 作為戰後德國在文壇上最具影響力的作家，葛拉斯的離世帶給德國讀者莫大遺憾，《法蘭克福郵報》就曾評論說「他的離開代表了德國文學史一個時代的結束」。

德國民族性中的惡的一面，批判當代德國社會的種種弊端，這讓他很難不與政治扯上關係。他本人也熱衷於社會政治活動，是德國社會民主黨的堅定擁護者，多次利用自己在文壇的地位為社民黨的選舉月臺，甚至在1965年德國最高文學獎——畢希納文學獎的頒獎典禮上，將獲獎感言變成了社民黨的競選辭。他的一些政治主張和個人思想，也影響力一大批社民黨出身的政治家。

社會民主黨前主席，因在波蘭人民解放紀念碑前一跪而聞名世界的德國前總理威利・布蘭特便與葛拉斯交情甚篤，葛拉斯曾多次在其總理任內陪同出國訪問。2013年，兩人來往的書信被結集出版，裡面翔實地描述了葛拉斯對當時這位聯邦德國總理在思想上的影響，尤其是在促進聯邦德國與波蘭和解，以及聯邦德國與民主德國的關係改善上，葛拉斯都做出了重要貢獻。

在很長一段時間內，鈞特・葛拉斯都作為一位「民主戰士」和「道德權威」，活躍在德國的政壇上。他利用自己的聲望對不同的政治議題發聲：反對遣返難民；支持當年被納粹強迫充當勞工的受害者討說法；反對逐漸滋生的極右翼政治勢力；支持受迫害作家等。葛拉斯被視為德國左翼知識分子陣營的旗幟性人物。1969年，在他出版的長篇小說《蝸牛日記》中，他又將社民黨比喻成蝸牛，認為為了實現沒有個人崇拜和獨裁統治的德國，這隻蝸牛正在向著民主的目標緩慢爬行，體現了其政治改良的思想。散文《母鼠》中，他又著重探討了環保、自由等問題，為核危機下人類的未來擔憂。

如此特立獨行，終究會在思想上曲高和寡。1992年，由於在難民政策上的分歧，葛拉斯開始與社民黨分道揚鑣。對他來說，社民黨還是「左」得不夠徹底，他的「異端」思想在黨內很長時期都遭人詬病。他與很多人都為此爭吵過，樹敵甚多，他後期的一些「出格」的言行，也在德國社會引發了巨大的爭議和討論。但是正當人們已經開始習慣聽到這位享有巨大聲譽的老人語出驚人的時候，他卻進入了永遠的沉默。

2015年，一直在批判這個世界的葛拉斯走到了人生的盡頭，儘管人生後期的一些言行引發了巨大爭議，但正如有人在他的悼詞中所說的那樣——他犯過很多錯誤，但是從不去掩蓋，他勇於面對自己人性中的弱點，並勇於表達自己觀點，他是我們這一代人的精神領袖。他是一個很真實的人。

歷史斷面

「四七社」

由里希特、安德施等人於1947年發起成立，「四七社」是一個鬆散的文學團體，既無綱領，也不發會員證，每年聚會一次，作家們在會上朗讀各自的新作，當場聽取評論。該社就以這種方式來推動文學創作與評論的發展。1950年「四七社」開始設立文學獎，獲獎者由全體與會者聽了朗誦之後以無記名方式選出。「四七社」的主要宗旨是：宣導個人自由，宣傳民主思想，扶植青年作家，重建德國新文學。1977年成立30周年時，「四七社」在薩爾高舉行慶典，會上正式宣布解散。

VISIBLE HISTORY OF THE WORLD

關鍵字：收購

保時捷與福斯的收購戰爭

■ 2009年

提起德國製造，汽車總是一個響噹噹的代表，賓士、寶馬、福斯、奧迪、保時捷等品牌在人們心目中都是如雷貫耳。但是鮮為人知的是，經過近幾十年來一系列複雜的收購和重組，奧迪和保時捷這兩款高端的品牌其實現在都已經歸屬到福斯（Volkswagen）旗下，成為其汽車王國的一部分。這其中又以保時捷的收購案最有傳奇色彩，兩個系出同門的品牌因為家族恩怨彼此爭鬥，最後卻是在歷史的大潮中握手言和，演繹出了一段驚心動魄的商戰故事。

博士的遺產

斐迪南・保時捷博士，又被譯為斐迪南・波爾舍（Ferdinand Porsche），是一位非常了不起的汽車設計天才，20世紀最偉大的工程師之一，也是今天故事的兩個主角，福斯

<1956年款的保時捷356型雙門跑車，它的車身窄小，結構簡單，整車品質只有585公斤，卻是最具有保時捷風格的跑車。

^斐迪南·保時捷（又譯斐迪南·波爾舍，Ferdinand Porsche）

保時捷博士是德國著名的汽車工程師，他對以往的汽車進行了革命性的更改，奠定了今天汽車的基本模樣，他還設計了金龜車，是保時捷公司的創始人。

集團和保時捷汽車的共同鼻祖。

保時捷博士於1875年出生在奧匈帝國的波希米亞地區，今天來看算是德國裔的捷克人。斐迪南·保時捷年輕的時候並沒有接受過正規的高等教育，但是22歲時就憑藉著過人的機械天賦成了維也納一家電氣公司的首席工程師。第二年他加入維也納洛納車身工廠，正式開始了他的汽車設計師生涯。

1900年前後，保時捷博士剛開始接觸汽車設計，此時還是汽車工業的萌芽階段，各種新奇的設計理念層出不窮，工程師們都在探索如何讓汽車跑得更快更好。保時捷博士在當時就別出心裁地設計出了採用輪轂電機和油電混合動力的超級賽車，堪稱特斯拉的鼻祖。即便在新能源汽車開始嶄露頭角的今天，回首博士一個世紀前的作品，也不得不讓人佩服他的眼光。

除了設計汽車，「二戰」期間保時捷博士還主持設計了其個人風格濃厚的電傳動系統的「虎」式坦克以及由其底盤衍生出來的「斐迪南」坦克殲擊車，還有後期著名的「鼠」式超重型坦克。得益於與納粹高層尤其是希特勒個人良好的私人關係，斐迪南·保時捷還在德國政府的支援下實現了他製造平民汽車的理想。1936年在德國沃爾夫斯堡，一座嶄新的汽車工廠拔地而起，保時捷博士野心勃勃地將其命名為「福斯」（Volkswagen、大眾）。從福斯汽車的流水線上下來的第一台產品，就是一代神車，直到今天仍在被無數人膜拜的金龜車。

「二戰」結束後，保時捷博士因為與納粹政權的合作關係，自然免不了牢獄之災，福斯汽車工廠也被新的德國政府收歸國有。保時捷博士獲釋後，在原有的斯圖加特設計工作室基礎上成立了新的保時捷汽車公司，以走高端路線的跑車和賽車為主。1951年1月30日，一代宗師斐迪南・保時捷從沃爾夫斯堡返回斯圖加特的途中中風逝世，享年77歲。臨終前保時捷博士將保時捷公司股份留給女兒露易絲和兒子費里。此時，露易絲已經嫁給安東・皮耶希，兩人也有了子嗣。而正是保時捷博士的這份遺囑，以及福斯工廠國有化的情況，引出了後來姑表兄弟反目，福斯與保時捷汽車相愛相殺的一段恩怨傳奇。

皮家後人

斐迪南・保時捷博士臨終時除了分配家產，還留下了一段遺訓：保時捷家族與皮耶希家族應當和睦共處。這個教導在家族第二代的時候還是很有影響，畢竟露易絲和費里・保時捷還是親姐弟。但是到了家族的第三代，露易絲的兒子斐迪南・皮耶希和費里的幼子沃夫岡・保時捷長大成人的時候，所謂的祖訓和親情

v對於保時捷汽車來說，「為車處世」的信條就是：911必須跑得快，但同時必須易於駕駛、足夠安全，還必須兼顧燃油經濟性和環保要求。

^為了紀念保時捷經典的356 Speedster車型，保時捷公司在2010年推出了限量版的911 Speedster跑車，這款特別版的911擁有與其他911明顯不同的外觀造型：它的車高比一般的911低6公分，車寬也比一般的911寬了4.4公分，整體外觀更為張揚。

在金錢利益面前就顯得是那麼不堪一擊了。

斐迪南・皮耶希先生自幼爭強好勝，敢為人先，時刻以外祖父事業的繼任者和接班人自詡。1960年，23歲的斐迪南・皮耶希進入保時捷公司發動機調試處進行鍛鍊，然後職務一年一個階梯升任到部門主管。權力在握，皮耶希的野心也越發暴露出來，集團內部該他管的不歸他管的都要插手，作風也是強橫跋扈，上把管理層得罪個遍，在家族內部也是樹敵頗多。終於到了1972年，連他的親舅舅、費里・保時捷先生都不能忍受這外甥了，直截了當將他從公司解雇，讓他直接回家當一個拿分紅的富三代好了。

掃地出門，眾叛親離，這對心高氣傲的皮耶希來說無疑是一次重大打擊，憤怒之下，他轉而投入奧迪公司，打算向舅舅證明——我失去的東西，我一定要拿回來！

現在來看，費里・保時捷將皮耶希掃地出門未嘗沒有給自己的兒子，沃夫岡・保時捷剪除競爭對手的意思。因為事情後來的發展證明斐迪南・皮耶希先生確實是一個出色的汽車工程師外加職業經理人，在奧迪公司他就把上上下下打理得井井有條。在奧迪和福斯合併後，他又在福斯的核心業務部門一路勇攀高峰。依靠皮耶希的能力和才幹，福斯集團公司已經成為僅次於豐田的世界第二大汽車集團，堪稱汽車界的巨無霸。

收購大戰

福斯這邊蒸蒸日上，保時捷公司的發展也是順風順水，雖然銷售額與福斯不能同日而語，但是走高端路線的保時捷利潤率卻是高得嚇人。2006年一年，保時捷公司盈利達到了13.9億歐元，福斯公司旗下的8個品牌生產了570萬輛汽車，數量居世界第二，純利潤也只有27.5億歐元，兩者走的路雖不同，但都走得極為成功。

v 保時捷911系列可以分為兩大類：一類是Carrera、Targa和圖中右邊這輛Turbo這種更適合公路駕駛的高性能跑車；另一類則是GT3、GT2、RS那樣擁有強烈賽道氣質的賽道跑車。

^表現福斯成功入主保時捷的漫畫

但是保時捷公司的管理層卻並不感到滿意，因為在家族第三代領導人沃夫岡的眼裡，福斯公司應該是保時捷家族的財產，只是因為戰爭才被收歸國有。作為現在家族的掌門人，如果能將福斯公司成功收回，也算是大功一件，以後就可以「家祭無忘告乃翁」了。何況現在福斯公司還是自己厭惡的表哥皮耶希在管理，新仇舊怨，就在這收購案中一併了結了吧。

早在2005年，沃夫岡就和保時捷集團的首席執行官溫德林・維德金悄悄地開始增持手頭福斯公司的股票。到了2007年，機會來了，一直作為收購福斯公司最大絆腳石的《福斯汽車法（Volkswagen Act）》在歐盟的強烈抗議下終於被廢除，而此時保時捷家族已經控制31％的福斯股份，只要繼續增持，早晚福斯品牌要重歸保時捷家族的門下。但如果保時捷家族大舉收購福斯的股票，必然會導致福斯股票的瘋狂上漲，那麼德國政府很可能出手干預。所以保時捷家族玩了一手瞞天過海，於2007年成立了保時捷控股，把保時捷汽車轉入保時捷控股旗下，並且把原本在保時捷汽車名下的福斯公司的股份，也全部轉移到了保時捷控股的名下。然後透過保時捷控股，保時捷家族暗中繼續收購福斯股票。這一手非常漂亮地瞞過了德國政府。在2009年初，保時捷控股成功拿到了50.76%的福斯股份。

然而人算不如天算，2008年年末，席捲全球的次貸危機爆發。在之前的股份大戰當中，保時捷家族為了拿下更多的股份，從銀行拆借了90億歐元的貸款。受金融危機的影響，保時捷控股的收益也大幅度下降，銀行方面又拒絕延期還款，這讓保時捷家族壓力倍增，一時資金缺口竟達20多億歐元，幾乎要將沃夫岡的保時捷帝國拖垮。

絕境面前，保時捷只得向德國政府舉債，卻被直截了當地拒絕了。就在這時候，此前一直隱忍不發，冷眼旁觀表弟興風作浪的皮耶希出手了。雖然金融危機下大家都不好過，但是福斯集團家大業大，靠著抵押廠房設備就能從銀行拿到一大筆貸款。靠著這筆錢，福斯集團對保時捷汽車發起了收購。2009年8月，福斯汽車與保時捷控股達成概括合資協議，福斯集團先用39億歐元價格購得保時捷汽車的49.9%股權，然後再在2012年11月15日至2013年1月14日之間買下保時捷控股手裡剩下的50.1%股權，保時捷汽車成為福斯集團旗下的一員，福斯集團反收購成功。

就這樣，保時捷成為福斯旗下第10個汽車品牌。而作為雙方合作的一個小條件，「蛇吞象」的策劃者維德金將帶著5000萬歐元的補償金下課，一個時代終結了。

歷史斷面

福斯汽車法（Volkswagen Act）

這部法律是在福斯私有化並轉型為股份有限公司的大背景下於1960年7月21日頒布的，旨在防止福斯集團在財政緊張時被國外的財團兼併。這部法律規定只要擁有福斯公司20%的股份，便可以阻止股東大會通過重要決議，而且薩克森州政府具有最後否決權，可以否決福斯集團任何大股東的決議。以上規定對福斯集團大股東的權力進行了極大的限制，也是保時捷家族收購福斯集團的最大障礙。

VISIBLE HISTORY OF THE WORLD

關鍵字：女總理

女總理梅克爾

■ 2005年～2021年

在2017年9月24日的德國聯邦議院選舉中，由現任總理安格拉·梅克爾女士所領導的聯盟黨再次獲得最多選票，成為執政黨，梅克爾本人也成功實現了德國首腦任上的「四連莊」。在民眾的價值取向越發多元化的今天，能夠在一個民選國家如此長期穩定地執政，無疑是一個了不起的成就。梅克爾已在位12年，期間美國換了三個總統，英國經歷了三位首相，義大利換了五個總理，而她卻一如既往地得到了大多數德國選民的信賴，這其中又有什麼祕訣呢？而作為一名前東德政府出身的政治家，她在兩德統一後一步步走向如今地位的奮鬥歷程又有什麼可供借鑑呢？

^ 1992年11月1日，在德國波昂，和時任德國聯邦總理的海爾穆·科爾一起出席會議的梅克爾。

牆那邊的日子

眾所周知，梅克爾出身於前東德地區，兩德統一前她在那裡整整生活了35年的時間，可以說對一個人價值觀形成至關重要的少年和青年時光，梅克爾都是在一個迥異於

^左邊這張於1989年拍攝的照片展示了安格拉·梅克爾和她的丈夫約阿希姆·紹爾。她的丈夫是暑期學校化學系的學生。右邊這張拍攝於2007年3月16日的照片展示了在華沙總統府時，德國總理梅克爾和她的丈夫會見波蘭總統卡臣斯基。

西歐資本主義社會的環境和文化氛圍中度過的，所以如果要想真正了解她的個性以及生平，柏林牆那邊的成長歲月都是一段不可不聊的話題。

1954年秋天，剛從神學院畢業不久的霍斯特·卡斯納做出了一個與眾不同的決定。在當時德國的老百姓們都收拾家當，大包小包往西德遷徙的時候，這位年輕的牧師卻帶著妻小，從西德重鎮漢堡出發，一路跋涉回到了自己的家鄉柏林，也就是東德的領土。而促使他這麼做的理由，除了對於故土的思念，還有一個信徒的使命感——在「冷戰」的大環境下，願意留守東德的牧師並不多，霍斯特希望盡到自己的一分力量，去往家鄉為同胞提供服務。

到達東德後，霍斯特被任命為柏林市郊的一個小鄉鎮的教會牧師，他們一家也就在此落地生根。他尚在襁褓中的女兒安格拉·卡斯納，也就是後來的梅克爾總理，就從這裡開始了自己的人生起點。

儘管在《竊聽風暴》等電影中，東德被描述成一個到處都是監視和竊聽的警察國家，但是這些對尚處童年的梅克爾來說是沒有概念的，反倒是柏

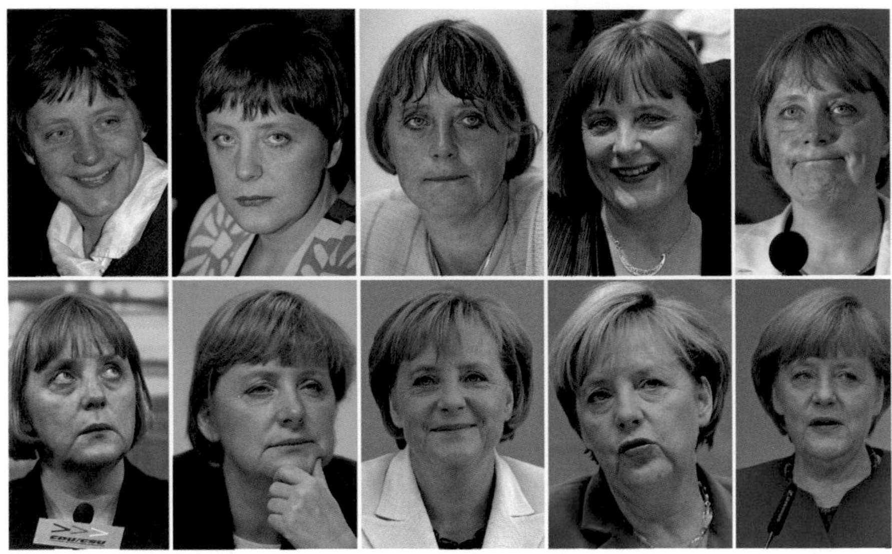

^梅克1991～2013年的髮型變化

梅克爾和好萊塢明星黛咪・摩爾都是德國著名髮型師烏多・瓦爾茨的常客。2003年，烏多・瓦爾茨還被選定為梅克爾的形象顧問。

林郊區快樂的童年生活給她留下了深刻而美好的回憶。在鄉野農舍間，小孩子能夠痛快的放飛自我，這段經歷讓梅克爾擔任總理後也仍常在週末去往東德的度假別墅休息，跟丈夫一起整理花園、下廚做飯，放鬆身心。

作為牧師的孩子，梅克爾的家庭出身在當時的政治環境下是十分微妙而敏感的，她對此也格外留心，儘量不讓自己顯得那麼與眾不同。整個學生時代，梅克爾給人的印象就是安靜的「學霸」。性格溫和，衣著保守，不是很擅長於社交和體育活動，但是也並不孤僻，該參加的學生組織和集體活動也都「隨大流」，而學習成績則是一如既往地優秀。1973年梅克爾考入著名的萊比錫大學物理系，畢業後又來到東德科學院物理化學中心研究所繼續深造，從事物理化學方面的研究。

作為一名學者，梅克爾在量子化學方面造詣頗深，曾在化學和材料領域內頂尖的學術雜誌《美國化學會志》（JACS）發表過論文。1986年她博士畢業，繼續留在東德科學院進行研究工作。如果不是後來那場深刻影響了世界格局的巨大變故，可能梅克爾就會以一名科學家而不是政治家的身分留名史冊了。

走上政壇

在攻讀博士學位期間，梅克爾還曾有過短暫的一段婚姻，她與前夫烏爾里希・梅克爾在大學中相識，畢業後即結婚，但是五年不到兩人就已形同陌路，梅克爾搬離了住宅。除了前夫的姓氏，梅克爾再沒留下任何關於這段婚姻的回憶。事後梅克爾自己總結經驗教訓是「那時人人都結婚，所以我也結婚。今天這話聽起來很蠢，但當時我確實沒有以謹慎的態度去對待婚姻。我對婚姻的真正的意義並沒有了解。」這也符合她自幼不願太過突出，做人好隨大流的一貫風格。但是與一般遇到類似問題的女性不同的是，面對不如意的婚姻，梅克爾沒

v這組於2005年9月7日拍攝的圖片展示了德國總理格哈德・施若德和他的競爭對手安格拉・梅克爾在大選前於柏林德國聯邦議院（議會下院）的最後一次演講。

^2017年10月10日，第六十七屆德國法蘭克福書展開幕，法國總統馬克宏出訪德國，與德國總理梅克爾一起出席法蘭克福書展開幕活動。

有猶豫不決，而是果斷離婚止損。而從她的人生歷程看，可能正是這種遇大事也保持堅毅和果決的性格造就了今天的總理梅克爾。

梅克爾的個性中固然有謹小慎微、保守從眾的一面，但是她本質上還是一個目標清晰、意志堅定並且有自己底線的人物。比如當年大學畢業，她本有機會去往一家很不錯的學校擔任教職，但是條件就是要作為警察部門安插的眼線，隨時匯報同事的思想動態，梅克爾很從容地拒絕了這個誘惑。她個性溫和從眾，但並不代表沒有自己的思考，對於東德社會隨處可見的物質匱乏，生產力低下，梅克爾早已看出問題的所在，雖然無力改變，她也能做到獨善其身。

直到20世紀80年代末柏林牆倒塌，東歐劇變，冷眼旁觀的梅克爾才放下包袱，從容走上了從政的道路。她為什麼會在科研事業已經走上正軌，且人也不再青春（35歲）的時候依然要棄學從政呢？可能家庭文化因素是一個原因，她的父親當年能夠毅然來到提倡無神論的東德當牧師，精神力量和為民請命的理念不可謂不強大，想必這種希望服務社會，教化百姓的追求深刻薰陶了梅克爾，讓她決定當一個政治家。

1989年，梅克爾參加了東德的「民主崛起」組織，而後又進入了東德時期的最後一屆政府，成為德梅基耶總理的副發言人。她沉穩踏實的工作作風很得總理賞識，很快在政壇嶄露頭角。1990年兩德統一後，梅克爾所在的「民主崛起」與基督教民主聯盟在東德地區組織合併，梅克爾隨之成為基民盟黨員，並且在統一後的第一次大選中，成功當選聯邦議員。不久，她又被時任德國總理海爾穆・科爾納入內閣，正式開始了她在統一後的德國政壇的崛起之路。

問鼎總理

初入政壇的梅克爾給人的印象是矜持和不苟言笑，有時甚至顯得有些拘謹和靦腆。突然從東德進入資本主義的花花世界，她土氣的著裝、髮型和保守的舉止受到了同僚的一番嘲笑。然而科爾總理很看好她，在與出身東德的梅克爾僅僅會面兩次後，科爾隨即將其確定為內閣的婦女青年部部長人選，將梅克爾提拔到德國政壇的領導階層。在總理的關照下，梅克爾很快地成長起來，在基民盟黨內平步青雲，有人因此也把她稱為「科爾的小女孩」。

但是對於這位政治生涯中的伯樂，梅克爾並沒有追隨到底。科爾總理因促成兩德統一而名聲大噪，但卻在政治生涯的末期爆出了政治獻金的醜聞，連累所在政黨。基民盟聲望大跌，選情岌岌可危。梅克爾果斷與這位政治導師劃清界限，在《法蘭克福匯報》上發表署名文章，指責科爾的行為已經損害了黨，敦促他說出更多政治獻金的細節，並呼籲基民盟學會在沒有科爾的情況下「自立」。這反戈一擊的舉動雖然直到今天仍然飽受爭議，但卻讓梅克爾成功樹立了在黨內的主導權。在2000年4月的埃森黨代會上，梅克爾當選為基民盟主席，開始競逐總理的寶座。只是在隨後2002年的選舉中，梅克爾因持有贊成伊拉克戰爭的觀點，支持率大跌，導致她領導的基民黨

v2017年7月7日，德國漢堡，各國領導人陸續抵達G20峰會現場參加G20首日工作會議。梅克爾和俄國總統普丁開著玩笑交流。

在聯邦選舉中慘敗。

2005年11月，在經過一系列複雜的選舉和政治博弈後，梅克爾領導的基民盟與競爭對手社民黨在聯合組閣談判中取得共識，確認由梅克爾出任聯邦總理。她也正式成為德國第一位女性聯邦總理，也是一千年前神聖羅馬帝國的賽奧法諾女皇（956－991）之後，第一位領導日耳曼民族的女性，德國開始進入了世人所熟悉的梅克爾時代。

梅克爾的行政風格以穩健和思路清晰著稱，十幾年科研生涯的鍛鍊讓她善於系統思考、統籌規劃、擁有敏銳判斷力，而性格中的果斷和堅韌則讓她有了不達目的誓不甘休的精神。對執政後的歷次危機，她都能憑藉高超的手腕巧妙化解。面對歐債危機和難民等新時代的挑戰，梅克爾在歐盟內部靜觀其變，不輕易表態，待看清風向後方謀定而後動。在現如今選舉越發政治明星的「真人秀」的今天，梅克爾樸實無華的風格無疑是當今世界的一股清流。雖然現在還很難對她的是非功過進行一個客觀的評述，但是在世界越發多元的今天，機遇與挑戰並存的環境下，可能有她這樣的一個務實的當家人，才是德國的幸運吧。

歷史斷面

標誌手型

「梅克爾菱形」，即雙手至於胸前，拇指和食指相交擺出一個類似菱形的手勢。因為梅克爾每每在各種場合中總是自覺或不自覺地就擺出這個姿勢，久而久之便成了她一個個人標誌，被戲稱為「梅克爾菱形」。這甚至讓梅克爾所在的政黨也用這種手勢來作為自己競選的標誌。而2013年梅克爾在杜莎夫人蠟像館中的新造型，也眾望所歸地選用了「梅克爾菱形」。

看得見的世界史 德國

工作人員 staff

文稿撰寫：呂寧

文圖編輯：李國斌

美術編輯：羅筱玲

圖片提供：視覺中國
全景圖片庫
美國紐約大都會藝術博物館
美國洛杉磯郡美術館
美國波士頓藝術博物館
英國不列顛博物館
日本東京國立博物館
法國羅浮宮博物館
義大利佛羅倫斯烏菲齊美術館
荷蘭阿姆斯特丹國立博物館